John Stuart Mill
(1806-1873)

John Stuart Mill nasceu em Londres, em 20 de maio de 1806, o primogênito de nove filhos de James Mill e Harriet Burrow. Seu pai, filósofo, economista, historiador e divulgador das ideias do também filósofo Jeremy Bentham, idealizou um projeto educacional *sui generis*: aos três anos John já estudava grego, e aos oito, latim e álgebra, além de ensinar aos irmãos menores. Aos doze lia Aristóteles, Adam Smith e David Ricardo. Aos quinze, após retornar de uma viagem à França, se debruçou sobre os grandes tratados de filosofia, psicologia e governo, sempre sob a supervisão do pai. A proximidade com Bentham foi responsável por introduzi-lo ao utilitarismo, teoria do liberalismo inglês que considera boas as ações e condutas que possam ser úteis ao indivíduo e, por extensão, à coletividade. Aos dezessete, ingressou na Companhia das Índias Orientais, onde seu pai também trabalhava, e lá permaneceu por quase trinta anos.

Entretanto, aos vinte sofreu um colapso nervoso que colocou sua vida em suspenso. Após lenta recuperação, Mill descobriu uma nova faceta, ligada à poesia, incluindo leituras como Coleridge, Carlyle e Goethe, dando um novo rumo ao seu trabalho, e dedicou o restante de sua vida intelectual ao projeto de reconstrução da filosofia utilitarista clássica que herdou de seu pai e Bentham. Nos anos 1840, Mill estabeleceu a base do pensamento com *A System of Logic* (1843) e *Principles of Political Economy* (1848). Entre 1859 e 1865, escreveu os trabalhos pelos quais ficou famoso, incluindo *On Liberty* (1859; *Sobre a liberdade*), *Utilitarianism* (1861), *Considerations on Representative Government* (1861; *Considerações sobre o governo representativo*) e *The Subjection of Women* (1869; *A sujeição das mulheres*), assim como grande parte de sua autobiografia.

Outra grande guinada em sua vida ocorreu em 1830, ao se apaixonar por Harriet Taylor, uma mulher casada. Somente em 1851, dois anos após a morte do marido, eles finalmente puderam se casar. Harriet colaborou com Mill em muitos de seus trabalhos, tornando-se coautora em muitos casos. *Sobre a liberdade* é dedicado a ela. Harriet morreu em 1858, durante uma viagem do casal pela França pouco depois da dissolução da Companhia das Índias Orientais e da aposentadoria de Mill. Foi enterrada em Avignon, para onde Mill viajaria todos os anos.

Em 1865, Mill foi eleito membro do Parlamento inglês. Era considerado um radical por defender causas como os direitos das mulheres, a educação obrigatória, entre outros. Não foi reeleito em 1868 e acabou retornando para a França. Filósofo, economista e pensador político, foi a figura mais importante na vida intelectual inglesa na segunda metade do século XIX. Morreu em Avignon, em maio de 1873, sendo enterrado ao lado de sua esposa.

Livros do autor na Coleção **L&PM** POCKET:

Considerações sobre o governo representativo
Sobre a liberdade

John Stuart Mill

SOBRE A LIBERDADE

Tradução de Denise Bottmann

www.lpm.com.br

L&PM POCKET

Coleção **L&PM** POCKET, vol. 1217

Texto de acordo com a nova ortografia.
Título original: *On Liberty*

Primeira edição na Coleção **L&PM** POCKET: agosto de 2016
Esta reimpressão: outubro de 2024

Tradução: Denise Bottmann
Capa: Ivan Pinheiro Machado
Preparação: L&PM Editores
Revisão: Lia Cremonese

CIP-Brasil. Catalogação na publicação
Sindicato Nacional dos Editores de Livros, RJ.

M589s

    Mill, John Stuart, 1806-1873
     Sobre a liberdade / John Stuart Mill; tradução Denise Bottmann.
– Porto Alegre, RS: L&PM, 2024.
     176 p. ; 18 cm.   (Coleção L&PM POCKET, v. 1217)

    Tradução de: *On Liberty*
    ISBN 978-85-254-3419-7

    1. Filosofia. I. Título. II. Série.

16-32960	CDD: 100
	CDU: 1

© da tradução, L&PM Editores, 2015

Todos os direitos desta edição reservados a L&PM Editores
Rua Comendador Coruja, 314, loja 9 – Floresta – 90.220-180
Porto Alegre – RS – Brasil / Fone: 51.3225.5777

PEDIDOS & DEPTO. COMERCIAL: vendas@lpm.com.br
FALE CONOSCO: info@lpm.com.br
www.lpm.com.br

Impresso no Brasil
Primavera de 2024

À amada e pranteada memória daquela que foi a inspiradora e, em parte, a autora de tudo o que há de melhor em meus escritos – a amiga e esposa cujo elevado senso de verdade e correção era meu mais forte incentivo e cuja aprovação era minha principal recompensa – dedico este volume. Como tudo o que escrevi ao longo de muitos anos, ele pertence a ela tanto quanto a mim; mas a obra, tal como está, contou com sua revisão apenas em grau muito insuficiente, sendo que algumas de suas partes mais importantes, que haviam ficado reservadas para um reexame mais cuidadoso, agora jamais poderão recebê-lo. Fosse eu capaz de interpretar para o mundo metade dos grandes pensamentos e nobres sentimentos que estão sepultados em seu túmulo, transmitiria um benefício maior do que jamais virá a brotar de qualquer coisa que eu possa escrever sem a inspiração e a assistência de sua quase ímpar sabedoria.

Sumário

Capítulo I
Introdução 11

Capítulo II
Da liberdade de pensamento e discussão 31

Capítulo III
Da individualidade como um dos elementos do
    bem-estar 87

Capítulo IV
Dos limites à autoridade da sociedade sobre o
    indivíduo 115

Capítulo V
Aplicações 143

O grande princípio condutor, para o qual convergem diretamente todos os argumentos apresentados nessas páginas, é a absoluta e essencial importância do desenvolvimento humano em sua mais rica diversidade.

> WILHELM VON HUMBOLDT,
> *Esfera e deveres do governo*

Capítulo I
Introdução

O tema deste ensaio não é a chamada Liberdade da Vontade, que costuma aparecer em infeliz contraposição à doutrina impropriamente chamada de Necessidade Filosófica, e sim a Liberdade Civil ou Social, ou seja, a natureza e os limites do poder que a sociedade pode exercer legitimamente sobre o indivíduo. É uma questão que raras vezes é exposta e quase nunca é discutida em termos gerais, mas, com sua presença latente, exerce profunda influência nas controvérsias práticas da época e provavelmente logo será tida como a questão vital do futuro. Ela não apresenta qualquer novidade e, em certo sentido, divide a humanidade quase desde as mais remotas eras; mas, no estágio de progresso em que agora ingressaram as parcelas mais civilizadas da espécie, ela se apresenta sob novas condições e exige um tratamento diferente, que se aprofunde em seus fundamentos.

A luta entre Liberdade e Autoridade é o traço mais destacado naquelas partes da história que são as primeiras que viemos a aprender, em particular a história da Grécia, de Roma e da Inglaterra. Mas, antigamente, essa disputa se dava entre os súditos, ou algumas classes de súditos, e o Governo. Por liberdade entendia-se a proteção contra a tirania dos dirigentes políticos.

Considerava-se que os dirigentes (exceto em alguns dos governos populares da Grécia) ocupavam uma posição inevitavelmente antagônica ao povo que governavam. Podiam ser um único indivíduo, uma tribo ou uma casta governante, e obtinham sua autoridade por herança ou por conquista, a qual, de todo modo, não exerciam ao bel-prazer dos governados, e cuja supremacia os homens não ousavam ou, talvez, não desejavam contestar, fossem quais fossem as precauções que pudessem tomar contra o exercício opressivo dessa autoridade. Era um poder considerado necessário, mas também altamente perigoso; uma arma que se tentaria usar contra os súditos, tal como contra inimigos externos. Para impedir que os membros mais fracos da comunidade fossem atacados por inúmeros abutres, era preciso que houvesse um rapinante mais forte do que os demais, incumbido de contê-los. Mas, como o rei dos abutres teria a mesma propensão das harpias menores a atacar o rebanho, era indispensável manter uma atitude de defesa constante contra seu bico e suas garras. Assim, os patriotas tinham como objetivo estabelecer os limites até onde seria admissível que o dirigente exercesse seu poder sobre a comunidade; e era essa limitação que entendiam por liberdade. Tentou-se de duas maneiras. Primeiro, obtendo o reconhecimento de certas imunidades, chamadas de direitos ou liberdades políticas, que o dirigente não poderia infringir sem incorrer em quebra de seu dever e, se viesse de fato a infringi-las, considerar-se-ia justificável uma resistência específica ou uma rebelião geral. Um segundo expediente, geralmente posterior, foi estabelecer controles constitucionais, de forma que o consentimento da comunidade ou de alguma espécie de agremiação, tida como representante dos interesses da comunidade, passou a ser condição necessária para alguns dos atos mais importantes do poder governante. Na maioria dos países europeus, o poder dirigente se viu obrigado em maior ou menor grau a se submeter à primeira dessas formas de limitação. Já com a segunda, isso não ocorreu; e assim, por todas as partes, os amantes da liberdade se colocaram como principal objetivo conseguir implantá-la ou, quando ela já existia em alguma medida, implantá-la de maneira mais cabal. Enquanto os homens se contentaram em se combater mutuamente como inimigos e em ser comandados por um senhor, desde que tivessem alguma garantia de maior ou menor eficácia contra a tirania deste, não levaram suas aspirações muito além disso.

Mas chegou uma época no progresso dos assuntos humanos em que os homens deixaram de considerar uma necessidade natural que seus governantes fossem um poder independente, de interesses contrários aos seus. Pensaram que seria muito melhor que os vários magistrados do Estado fossem seus representantes ou delegados, que poderiam revogar quando quisessem. Parecia que apenas assim poderiam ter plena segurança de que nunca haveria abuso de poder em detrimento deles. Aos poucos, essa nova demanda por dirigentes eletivos e temporários passou a ser o principal objetivo das pressões do partido popular, onde ele existia, e superou largamente as tentativas anteriores de limitar o poder dos dirigentes. Conforme avançava a luta para que o poder dirigente emanasse da escolha periódica feita pelos governados, alguns começaram a pensar que se atribuíra excessiva importância à limitação do poder em si. *Este* parecia ser um recurso apenas contra dirigentes de interesses habitualmente contrários aos do povo. O que se pretendia agora era que os dirigentes se identificassem com o povo, que o interesse e a vontade deles fossem o interesse e a vontade da nação. A nação não precisava de proteção contra sua própria vontade. Não havia o receio de que viesse a tiranizar a si mesma. Se os dirigentes tivessem realmente de responder a ela, se ela pudesse removê-los prontamente, a nação poderia lhes confiar o poder cujo uso seria ela mesma a ditar. O poder deles não era senão o poder da própria nação, concentrado de uma maneira prática para ser exercido. Esse modo de pensar – ou melhor, talvez, de sentir – foi muito corrente entre a última geração do liberalismo europeu no continente, onde ele ainda predomina claramente. Aqueles que aceitam alguma limitação ao que um governo pode fazer, salvo no caso de governos que se julga que nem deveriam existir, destacam-se como luminosas exceções entre os pensadores políticos continentais. E um sentimento semelhante também poderia predominar em nosso país, se as circunstâncias que o encorajaram por algum tempo não se tivessem alterado.

Mas, nas teorias políticas e filosóficas, tal como nas pessoas, o sucesso põe à mostra falhas e fraquezas que o fracasso pode ocultar à vista. A noção de que o povo não precisa limitar seu poder sobre si mesmo talvez parecesse axiomática quando o governo popular ainda era apenas um sonho ou não passava de uma menção num livro de história sobre algum remoto passado. E essa noção tampouco se abalou muito com aberrações transitórias como as da Revolução Francesa, as piores das quais foram obra de um ou outro usurpador e, de todo modo, não faziam parte do funcionamento permanente das instituições populares, sendo meros elementos de uma irrupção súbita e convulsiva contra o despotismo monárquico e aristocrático. Mas, com o tempo, uma república democrática veio a ocupar grande parte da superfície da terra e se fez sentir como um dos membros mais poderosos da comunidade das nações; o governo eletivo, que devia responder à nação, ficou sujeito às observações críticas que incidem sobre qualquer grande fato existente. Então se percebeu que termos como "governo autônomo" e "o poder do povo sobre si mesmo" não expressavam o verdadeiro estado da questão. O "povo" que exerce o poder nem sempre é o mesmo povo sobre o qual ele é exercido, e o dito "governo autônomo" não é o governo que cada um exerce sobre si, mas o que todos os outros exercem sobre cada um. Além disso, a vontade do povo, na prática, significa a vontade da *parcela* mais numerosa ou mais ativa do povo, isto é, a maioria, ou daqueles que conseguem se fazer aceitos como maioria; o povo, portanto, *pode* querer oprimir uma parte de seus integrantes, e é preciso tomar precauções contra este como contra qualquer outro abuso de poder. Assim, a limitação do poder do governo sobre os indivíduos nada perde de sua importância quando os detentores do poder devem responder regularmente à comunidade, isto é, ao grupo mais forte dentro dela. Essa visão das coisas, recomendando-se tanto à inteligência dos pensadores quanto à inclinação daquelas classes importantes na sociedade europeia a cujos interesses reais ou supostos a democracia é contrária, não teve qualquer dificuldade em se estabelecer; e agora, nas reflexões políticas, "a tirania da maioria" geralmente vem incluída entre os males contra os quais a sociedade precisa se precaver.

Como outras tiranias, a tirania da maioria de início despertou e ainda comumente desperta pavor, sobretudo quando opera por meio dos atos das autoridades públicas. Mas as pessoas pensantes perceberam que, quando a própria sociedade é o tirano – a sociedade como coletivo, acima dos indivíduos singulares que a compõem –, seus meios de tiranizar não se restringem aos atos que ela pode praticar por intermédio dos ocupantes dos cargos políticos. A sociedade pode executar e de fato executa suas próprias ordens; e se emite ordens erradas em vez de certas, ou se emite alguma ordem qualquer em coisas nas quais não deveria intervir, ela pratica uma tirania social mais assustadora do que muitas espécies de opressão política, visto que, embora usualmente não se ampare em penas tão extremas como são as da lei, deixa menos escapatória, penetrando muito mais profundamente nos detalhes da vida e escravizando a própria alma. Assim, não basta a proteção contra a tirania da magistratura: é preciso também uma proteção contra a tirania da opinião e do sentimento dominantes, contra a tendência da sociedade de impor como regras de conduta, e por outros meios que não as penas civis, suas próprias ideias e práticas aos que dela divergem, contra sua tendência de tolher o desenvolvimento e, se possível, de impedir a formação de qualquer individualidade que não esteja em conformidade com seus usos, e de obrigar que o caráter de todos seja talhado pelos moldes do seu. Existe um limite à legítima interferência da opinião coletiva na independência individual; e, para a boa condição dos assuntos humanos, tão indispensável quanto a proteção contra o despotismo político é situar esse limite e defendê-lo contra tais invasões.

Mas, mesmo que não se chegue a contestar essa proposição em termos gerais, por outro lado, na questão prática de onde situar esse limite – como fazer o ajuste adequado entre independência individual e controle social –, quase tudo ainda está por se fazer. Tudo o que torna valiosa a existência para uma pessoa depende da imposição de restrições às ações de outras pessoas. Assim, é preciso impor algumas regras de conduta, primeiro pela lei e depois pela opinião, em várias coisas que não são objetos adequados à operação da lei. Quais devem ser essas regras é a questão mais importante nos assuntos humanos; mas, tirando alguns casos mais óbvios, é uma daquelas questões onde menos se tem avançado para solucioná-la. Não existem dois períodos da história e dificilmente existem dois países que tenham decidido da mesma maneira; e a decisão de um período ou de um país causa espanto ao outro. Apesar disso, as pessoas de qualquer período ou país não veem aí qualquer dificuldade especial, como se fosse um tema sobre o qual a humanidade sempre esteve de acordo. As regras que adotam entre si parecem-lhes evidentes e justificáveis por si sós. Essa ilusão praticamente universal é um dos exemplos da influência mágica do costume, o qual não só é uma segunda natureza, como diz o provérbio, mas também é constantemente confundido com a primeira natureza. O costume tem como efeito anular qualquer receio sobre as regras de conduta que a humanidade impõe a si mesma, e esse efeito é tanto mais cabal por se tratar de um assunto sobre o qual geralmente não se considera necessário apresentar razões, seja aos outros, seja a si mesmo. As pessoas estão acostumadas a crer – e nessa crença têm sido encorajadas por alguns que aspiram ao nome de filósofos – que seus sentimentos sobre assuntos de tal natureza são melhores do que as razões e as tornam supérfluas. O princípio prático que guia uma pessoa em suas opiniões sobre a regulação da conduta humana é seu sentimento de que todos deveriam agir como ela gostaria – e como gostariam as pessoas com as quais tem afinidade – que agissem. Com efeito, ninguém admite consigo mesmo que seu critério de julgamento é o pendor pessoal; mas uma opinião sobre um aspecto de conduta que não se sustente em razões só pode valer como preferência de uma única pessoa; e se as razões, quando apresentadas, simplesmente apelam a uma preferência similar sentida por outras pessoas, essa preferência continua a ser mero pendor, agora de muitas pessoas em lugar de uma só. Para um homem comum, porém, sua preferência pessoal, assim sustentada, é não só uma razão plenamente satisfatória, mas a única que ele costuma ter para todas as suas noções de moral, gosto ou decoro que não venham expressamente enunciadas em seu credo religioso, e tal preferência lhe serve até mesmo como principal guia para interpretar esse seu próprio credo. Assim, as opiniões dos homens sobre o que é louvável ou reprovável são afetadas por todas as múltiplas causas que influem em seus desejos em relação à conduta dos outros, e que são tão numerosas quanto as que determinam seus desejos em qualquer outro assunto. Às vezes é sua razão, outras vezes são seus preconceitos ou superstições; muitas vezes seus afetos sociais, não raro os antissociais, o ciúme ou a inveja, a arrogância ou o desdém – mas, mais geralmente, seus desejos ou receios pessoais, seus interesses próprios legítimos ou ilegítimos. Onde há uma classe dominante, uma larga parcela da moral do país emana de seus interesses de classe e de seus sentimentos de superioridade de classe. As relações morais entre espartanos e hilotas, entre fazendeiros e negros, entre príncipes e súditos, entre nobres e plebeus, entre homens e mulheres são em grande parte criação desses interesses e sentimentos de classe, e os sentimentos assim gerados reagem por sua vez sobre os sentimentos morais dos membros da classe dominante, em suas relações entre eles mesmos. Por outro lado, quando uma classe antes dominante perde sua ascendência, ou quando sua ascendência é impopular, os sentimentos morais predominantes muitas vezes trazem a marca de um irritadiço desprezo pela superioridade. Outro grande princípio determinante das regras de conduta que são impostas pela lei ou pela opinião, tanto para a ação quanto para a omissão, é a servilidade dos seres humanos perante as supostas preferências ou aversões de seus senhores seculares ou de suas divindades. Essa servilidade, embora essencialmente egoísta, não é hipocrisia; ela dá origem a sentimentos de repulsa inteiramente genuínos, e foi o que levou os homens a queimarem bruxas e hereges. Entre tantas influências mais comuns, os interesses óbvios e gerais da sociedade sem dúvida tiveram um papel, e grande, na orientação dos sentimentos morais: menos, porém, como uma questão de razão e por causa deles mesmos, e mais como consequência das simpatias e antipatias deles nascidas; da mesma forma, simpatias e antipatias que pouco ou nada tinham a ver com os interesses da sociedade fizeram-se sentir com força igualmente grande no estabelecimento das regras morais.

Assim, os gostos e desgostos da sociedade, ou de alguma poderosa parcela sua, constituem o principal elemento a determinar praticamente as regras estabelecidas para observância geral, sob as penas da lei ou da opinião. E, em geral, os que estavam à frente de sua sociedade em pensamento e sentimento não investiram em princípio contra esse estado de coisas, por mais que entrassem em conflito com ele em alguns de seus detalhes. Dedicaram-se antes a examinar quais eram as coisas de que a sociedade deveria gostar ou desgostar do que a indagar se seus gostos ou desgostos deveriam ser lei para os indivíduos. Preferiram tentar modificar os sentimentos da humanidade nos pontos particulares em que eles mesmos eram heréticos em vez de formar uma causa comum com os heréticos em geral em defesa da liberdade. O único caso em que alguns indivíduos aqui e ali vieram a adotar uma posição de princípio, defendendo-a de modo coerente e constante, é o da crença religiosa: um caso instrutivo sob vários aspectos, quando menos por constituir um exemplo muito claro da falibilidade do chamado senso moral, pois o *odium theologicum* num fanático sincero é um dos casos mais inequívocos de sentimento moral. Os primeiros a romper o jugo daquela que se dizia Igreja Universal [a Igreja Católica] de modo geral não se mostraram mais dispostos do que ela a admitir diferenças de opinião religiosa. Mas, quando passou o calor do conflito, sem resultar em vitória decisiva para nenhum dos lados, e cada igreja ou seita teve de reduzir suas esperanças a conservar a posse do terreno que já ocupava, as minorias, vendo que não tinham qualquer possibilidade de se tornar maiorias, viram-se na necessidade de pedir permissão para divergir àqueles mesmos que não conseguiram converter. Foi quase exclusivamente nesse campo de batalha que se empreendeu, fundada em amplas bases de princípio, a defesa dos direitos do indivíduo contra a sociedade e se contestou abertamente a pretensão da sociedade em exercer autoridade sobre os dissidentes. Os grandes escritores aos quais o mundo deve o que tem de liberdade religiosa defenderam sobretudo a liberdade de consciência como direito inalienável e rejeitaram categoricamente a noção de que um ser humano deva prestar contas de sua crença religiosa aos outros. Mas a intolerância é tão natural à humanidade em tudo o que realmente lhe importa que a liberdade religiosa, na prática, não veio a se concretizar quase em lugar nenhum, exceto lá onde veio a pesar na balança a indiferença religiosa, que não gosta de ter sua paz perturbada por disputas teológicas. A mente de quase todas as pessoas religiosas, mesmo nos países mais tolerantes, quando admite o dever de tolerância, é apenas com reservas tácitas. Um aceita a dissidência em questões de administração eclesiástica, mas não de dogma; outro pode tolerar toda a humanidade, exceto os papistas ou os unitaristas; outro ainda tolera todos os que acreditam na religião revelada; alguns são até um pouco mais caridosos, mas têm como limite a crença num Deus e numa vida futura. Vê-se que, onde o sentimento da maioria ainda prevalece genuíno e intenso, sua pretensão de ganhar obediência pouco se atenuou.

Na Inglaterra, pelas circunstâncias específicas de nossa história política, embora o jugo da opinião talvez seja mais pesado, o da lei é mais leve do que na maioria dos outros países europeus, e existe um considerável zelo contra a interferência direta do poder legislativo ou do executivo na conduta pessoal, não tanto por apreço à independência do indivíduo, e sim mais pelo hábito ainda existente de considerar que o governo representa interesses contrários ao público. A maioria ainda não aprendeu a sentir o poder do governo como poder seu, ou as opiniões do governo como opiniões suas. Quando assim o fizer, a liberdade individual provavelmente ficará tão exposta à invasão do governo quanto já o é à invasão da opinião pública. De todo modo, tal sentimento ainda persiste em volume considerável, pronto para se mobilizar contra qualquer tentativa da lei em controlar os indivíduos nas coisas em que ainda não se acostumaram a sofrer esse controle; e isso sem sequer avaliar se a questão recai ou não na esfera legítima do controle legal, de modo que o sentimento, altamente salutar como um todo, acaba sendo mal dirigido talvez com a mesma frequência com que se mostra cabível nos casos particulares a que se aplica. Não existe, de fato, nenhum princípio assente com o qual se possa verificar rotineiramente a propriedade ou impropriedade da interferência do governo. As pessoas decidem de acordo com suas preferências pessoais. Algumas, sempre que veem algum bem a fazer ou algum mal a remediar, de bom grado incentivam o governo a cuidar do assunto, ao passo que outras preferem suportar praticamente todas e quaisquer mazelas sociais a deixar que elas engrossem ainda mais o campo dos interesses humanos passíveis de serem submetidos ao controle do governo. E a cada vez os homens se alinham de um ou outro lado, de acordo com essa direção geral de seus sentimentos, ou segundo o grau de interesse que sentem pela coisa particular que se propõe que o governo deva fazer, ou conforme acreditem que o governo fará ou não fará da maneira que preferem, mas muito raramente tomam posição com base em alguma opinião sólida e coerente sobre o que consideram que seria adequado o governo fazer. E, nos dias de hoje, parece-me que, em decorrência dessa ausência de regras ou princípios, um lado erra tanto quanto o outro; invoca-se impropriamente e impropriamente condena-se a interferência do governo quase em igual medida.

    O objetivo deste ensaio é defender um princípio muito simples, como o único habilitado a reger de modo absoluto as relações da sociedade com o indivíduo por meio da obrigatoriedade e do controle, quer o meio usado seja a força física segundo as penas da lei ou a coerção moral da opinião pública. Este princípio é o de que o único fim pelo qual a humanidade está autorizada, individual ou coletivamente, a interferir na liberdade de ação de qualquer um de seus integrantes é a autodefesa. Pois o único propósito para o qual o poder pode ser legitimamente exercido sobre qualquer membro de uma comunidade civilizada, contra sua vontade, é evitar dano aos outros. Seu próprio bem, físico ou moral, não é justificativa suficiente. O indivíduo não pode ser legitimamente obrigado a fazer ou deixar de fazer alguma coisa porque assim seria melhor para ele, porque o faria mais feliz, porque fazer tal coisa seria, na opinião dos outros, sensato ou mesmo correto. Essas são boas razões para admoestá-lo, para argumentar com ele, para persuadi-lo, para pedir-lhe, mas não para obrigá-lo nem para lhe infligir qualquer mal caso aja de outra maneira. Para que isso se justifique, é preciso que a conduta da qual se deseja dissuadi-lo seja deliberadamente destinada a causar mal a outra pessoa. A única parte da conduta de uma pessoa pela qual ela é responsável perante a sociedade é a que concerne ao outro. Na parte que concerne apenas a si mesma, sua independência é, de direito, absoluta. Sobre si mesmo, sobre seu corpo e sua mente, o indivíduo é soberano.

Talvez nem seja necessário dizer que essa doutrina pretende se aplicar apenas a seres humanos na maturidade de suas faculdades. Não estamos falando de crianças ou de jovens abaixo da idade que a lei possa estabelecer como maioridade dos homens ou das mulheres. Aqueles que ainda se encontram num estado que requer os cuidados de outrem devem ser protegidos contra suas próprias ações, bem como de lesões externas. Pela mesma razão, podemos desconsiderar aqueles estados sociais atrasados em que a própria raça pode ser tida em sua menoridade. As dificuldades iniciais no caminho do progresso espontâneo são tão grandes que raramente há meios disponíveis para vencê-las; e um dirigente imbuído do espírito de aperfeiçoamento está justificado no uso de quaisquer expedientes que permitam alcançar um fim que, de outra maneira, talvez fosse inalcançável. O despotismo é um modo de governo legítimo quando se trata de povos bárbaros, desde que o fim seja seu aperfeiçoamento e os meios se justifiquem ao se alcançar efetivamente tal fim. A liberdade, como princípio, não se aplica a nenhum estado de coisas anterior à época em que a humanidade se torna capaz de aperfeiçoamento pela discussão livre e igual. Até lá, não lhes resta senão a obediência implícita a um Akbar ou a um Carlos Magno, caso tenham a sorte de encontrar alguém assim. Mas, tão logo a humanidade alcança a condição em que pode ser guiada a seu aperfeiçoamento pela convicção ou pela persuasão (período atingido há muito tempo em todas as nações com que devemos nos ocupar), a coerção, seja de forma direta ou como aplicação de penas e castigos por insubmissão, deixa de ser admissível como meio para o bem do indivíduo e só é justificável para a segurança do outro.

Cabe dizer que renuncio a qualquer vantagem em favor de meu argumento que poderia provir da ideia de um direito abstrato, como algo que não depende da utilidade. Considero a utilidade como a base última em todas as questões éticas; mas deve ser a utilidade no sentido mais amplo, fundada nos interesses permanentes do homem como ser capaz de progresso. Sustento que tais interesses autorizam a sujeição da espontaneidade individual ao controle externo apenas no que se refere àquelas ações individuais que concernem ao interesse de outras pessoas. Se uma pessoa pratica um ato prejudicial a outrem, há aí uma ocorrência *prima facie* [evidente] para puni-la, seja por lei ou, quando não há segurança para a aplicação das penas de lei, pela desaprovação geral. Há também muitos atos positivos em benefício de outrem que a pessoa pode ser legitimamente obrigada a cumprir, tais como prestar depoimento num tribunal de justiça, arcar com sua justa parte na defesa comum ou em qualquer outro trabalho conjunto necessário ao interesse da sociedade de cuja proteção desfruta, e praticar certos atos de beneficência individual, como salvar a vida de um semelhante ou intervir para proteger os indefesos contra maus tratos, coisas pelas quais, sempre que for um óbvio dever fazê-las, um homem pode ser legitimamente chamado a responder perante a sociedade caso não as faça. Uma pessoa pode causar mal a outras não só por suas ações, mas também por sua omissão, e em ambos os casos é legítimo que ela deva prestar contas a essas pessoas por tal lesão. O segundo caso, é verdade, requer uma aplicação da coerção muito mais cautelosa do que o primeiro. Responsabilizar uma pessoa por fazer mal a outrem é a regra; responsabilizá-la por não impedir o mal é, falando em termos comparativos, a exceção. Mesmo assim, há muitos casos de clareza e gravidade suficientes para justificar tal exceção. Em todas as coisas que se referem às relações externas do indivíduo, ele é *de jure* [de direito] responsável perante aqueles cujos interesses são afetados e, se necessário for, perante a sociedade como protetora deles. Há com frequência boas razões para não o responsabilizar, mas tais razões devem surgir das conveniências específicas de cada caso: seja por ser um tipo de caso em que, de modo geral, ele provavelmente agirá melhor se ficar entregue à sua própria discrição do que se for controlado por qualquer uma das maneiras em poder da sociedade para controlá-lo, ou porque a tentativa de exercer controle produziria outros males, maiores do que aqueles que poderia impedir. Quando razões como essas impedem sua responsabilização *de jure*, a consciência do próprio agente deveria ocupar o assento vago do juiz e proteger aqueles interesses alheios que não têm proteção externa, julgando a si mesmo com rigor ainda maior, visto que o caso não admite que possa ser levado a julgamento por seus semelhantes.

Mas há uma esfera de ação em que a sociedade, no que se distingue do indivíduo, tem um interesse apenas indireto, se tanto, abrangendo toda aquela parte da vida e da conduta de uma pessoa que afeta apenas a ela mesma ou, se vem a afetar outras também, é apenas com o consentimento e a participação livre, voluntária e sem ludíbrio dessas outras pessoas. Quando digo "apenas a ela mesma", quero dizer diretamente e em primeiro lugar, pois tudo o que afeta a ela pode afetar outras pessoas por seu intermédio, e a objeção que pode se fundar sobre tal contingência será tratada mais adiante. Esta é, pois, a esfera apropriada da liberdade humana. Ela compreende, primeiramente, o domínio interno da consciência, exigindo a liberdade de consciência em seu sentido mais abrangente, a liberdade de pensamento e sentimento, a liberdade absoluta de opinião e sentimento sobre todos os assuntos, práticos ou reflexivos, científicos, morais ou teológicos. Talvez pareça que a liberdade de expressão e manifestação pública das opiniões recai sob outro princípio, visto que pertence àquela parte da conduta de um indivíduo que se refere a outras pessoas; mas, sendo ela quase tão importante quanto a própria liberdade de pensamento e se baseando em grande parte nas mesmas razões, na prática ambas são inseparáveis. Em segundo lugar, o princípio requer a liberdade dos gostos e escolhas de atividades, de montarmos um projeto de vida que se adeque a nosso caráter, de agirmos como quisermos, sujeitos às consequências que possam advir, sem impedimento de nossos semelhantes desde que não lhes causemos dano, por mais que possam considerar nossa conduta tola, impertinente ou errada. Em terceiro lugar, dessa liberdade de cada indivíduo decorre a liberdade, dentro dos mesmos limites, da associação entre indivíduos, a liberdade de se unirem para qualquer finalidade que não envolva dano a outros, desde que as pessoas nessa união sejam maiores de idade e não tenham sido forçadas ou ludibriadas.

Nenhuma sociedade onde tais liberdades não sejam respeitadas como um todo é livre, qualquer que possa ser sua forma de governo; e nenhuma é completamente livre se essas liberdades não existirem de modo absoluto e incondicional. A única liberdade que merece esse nome é a de buscarmos nosso próprio bem à nossa maneira, desde que não tentemos privar os outros de seu bem nem tolhamos seus esforços de obtê-lo. Cada um é guardião de sua própria saúde, seja física ou mental e espiritual. A humanidade ganha mais aceitando que cada um viva como bem lhe parecer do que obrigando-o a viver como bem parecer aos outros.

Embora essa doutrina não seja nenhuma novidade e, para algumas pessoas, talvez pareça um truísmo, não existe qualquer doutrina que se contraponha mais diretamente à tendência geral da opinião e da prática existentes. A sociedade dispende o mesmo esforço tentando (de acordo com suas luzes) obrigar as pessoas a se conformarem tanto a suas noções de excelência social quanto a suas noções de excelência pessoal. As comunidades antigas se consideravam no direito de controlar, e os filósofos antigos aprovavam, todas as partes da conduta privada por meio da autoridade pública, porque o Estado tinha profundo interesse na mais completa disciplina física e mental de todos os seus cidadãos; esse modo de pensar pode ter sido aceitável em pequenas repúblicas rodeadas por inimigos poderosos, em perigo constante de serem subvertidas por ataques estrangeiros ou por comoções internas, e para as quais um intervalo mesmo breve de afrouxamento da energia e da autodisciplina poderia se revelar tão facilmente fatal que não podiam se permitir esperar pelos efeitos salutares permanentes da liberdade. No mundo moderno, o tamanho maior das comunidades políticas e, acima de tudo, a separação entre autoridade espiritual e autoridade secular (que colocou a direção da consciência dos homens em outras mãos que não as que controlavam seus assuntos terrenos), impediu que houvesse uma interferência tão grande da lei nos detalhes da vida privada; mas os mecanismos da repressão moral têm sido utilizados contra as divergências da opinião reinante em matérias pessoais com intensidade ainda maior do que nas questões sociais, tendo sido a religião, que é o elemento mais poderoso entre os que compõem a formação do sentimento moral, quase sempre governada ou pela ambição de uma hierarquia, que procura controlar todos os setores da conduta humana, ou pelo espírito do puritanismo. E alguns daqueles reformadores modernos que se opõem mais vigorosamente às religiões do passado, quando afirmam o direito de dominação espiritual, não ficam de maneira alguma atrás das igrejas ou das seitas: em especial o sr. Comte, cujo sistema social, tal como é apresentado em seu *Système de Politique Positive*, pretende estabelecer (embora mais por instrumentos morais do que legais) um despotismo da sociedade sobre o indivíduo, ultrapassando qualquer coisa contemplada no ideal político do mais rígido disciplinarista entre os filósofos antigos.

Afora os postulados específicos dos pensadores individuais, há também no mundo em geral uma tendência crescente a estender indevidamente os poderes da sociedade sobre o indivíduo, tanto pela força da opinião quanto, até mesmo, pela da legislação: e como a tendência de todas as mudanças que vêm ocorrendo no mundo é a de fortalecer a sociedade e diminuir o poder do indivíduo, essa invasão não é um daqueles males que tendem a desaparecer espontaneamente, mas, pelo contrário, tende a se tornar cada vez mais temível. A propensão dos indivíduos, seja como dirigentes ou como concidadãos, de impor aos outros suas opiniões e inclinações pessoais como regra de conduta encontra tão firme esteio em alguns dos melhores e alguns dos piores sentimentos incidentes na natureza humana que dificilmente há algo capaz de refreá-la, a não ser a falta de poder; e como o poder não está declinando, mas sim aumentando, é de se esperar, nas atuais circunstâncias do mundo, que ela se intensifique, a menos que se erga uma sólida barreira de convicção moral contra tal malefício.

Será conveniente para a argumentação se, em vez de entrar imediatamente na tese geral, limitarmo-nos num primeiro momento a um único ramo seu, em que o princípio aqui enunciado é, se não plenamente, pelo menos até certo ponto reconhecido pelas opiniões correntes. Esse ramo é a Liberdade de Pensamento, da qual é impossível dissociar a correlata liberdade de falar e de escrever. Embora essas liberdades façam parte considerável da moral política de todos os países que professam a tolerância religiosa e instituições livres, as bases filosóficas e práticas em que se fundam talvez não sejam tão familiares à mentalidade geral nem tão plenamente apreciadas, inclusive por muitos dos líderes de opinião, quanto se poderia esperar. Essas bases, quando entendidas corretamente, se aplicam a um campo muito mais amplo do que a uma mera divisão do tema, e um exame meticuloso dessa parte da questão se mostrará a melhor introdução ao restante. Àqueles que não haverão de encontrar nada de novo no que estou prestes a dizer, peço desculpas se me lanço a mais uma discussão sobre um assunto que tem sido debatido com tanta frequência nos três últimos séculos.

Capítulo II
Da liberdade de pensamento e discussão

Já se foi o tempo, espera-se, quando era preciso defender a "liberdade de imprensa" como uma das garantias contra um governo corrupto ou tirânico. Podemos supor que, hoje em dia, não seja mais necessário qualquer argumento combatendo que um legislativo ou um executivo, cujo interesse não se identifica com o do povo, possa lhe prescrever opiniões e determinar quais doutrinas ou quais argumentos o povo está autorizado a ouvir. Ademais, outros escritores anteriores defenderam com tanta frequência e tanto sucesso esse aspecto da questão que, aqui, não há necessidade de insistir especialmente sobre ele. Embora a lei da Inglaterra referente à imprensa continue até hoje a ser tão servil quanto era no tempo dos Tudors, é pequeno o risco de ser efetivamente aplicada contra o debate político, exceto durante algum pânico temporário, quando o medo da insurreição leva ministros e juízes a se afastarem do devido decoro*; e,

---
* Essas palavras mal acabavam de ser postas no papel quando, como que para contradizê-las enfaticamente, ocorreram os Processos do Governo contra a Imprensa de 1858. Mas essa interferência pouco judiciosa na liberdade de discussão pública não me levou a alterar no texto uma única palavra que fosse, e em nada enfraqueceu minha convicção de que, (continua)

falando em termos gerais, em países constitucionais não há por que temer que o governo deva ou não responder totalmente ao povo, tente controlar a expressão da opinião com muita frequência, exceto quando o faz como veículo da intolerância geral do público. Suponhamos, portanto, que o governo esteja em completa harmonia com o povo e nunca pense em exercer qualquer poder de coerção, a menos que esteja em consonância com o que ele julga ser a voz do povo. Mas eu nego ao povo o direito de exercer tal coerção, seja diretamente ou por meio de seu governo. O poder em si é ilegítimo.

(cont.) salvo em momentos de pânico, a época das penas e dos castigos por causa de debates políticos já se acabou em nosso país. Pois, em primeiro lugar, os processos não tiveram continuidade; em segundo, nunca foram processos de perseguição política propriamente ditos. O delito objeto de denúncia não era o de criticar instituições, nem os atos ou as pessoas dos dirigentes, mas o de pôr em circulação o que se considerava uma doutrina imoral, a legalidade do Tiranicídio.

Se os argumentos deste capítulo têm alguma validade, é a de que deve existir a mais completa liberdade de professar e discutir, como questão de convicção ética, qualquer doutrina, por imoral que se possa considerá-la. Portanto, seria descabido e deslocado examinar aqui se a doutrina do tiranicídio merece tal título. Contento-me em dizer que o tema sempre foi uma das questões em aberto sobre a conduta moral, pois o ato de um cidadão particular ao abater um criminoso que, erguendo-se acima da lei, pôs-se fora do alcance do controle ou punição legal, tem sido explicado por nações inteiras e por alguns dos melhores e mais sábios dentre os homens não como um crime e sim como um ato de elevada virtude, e que a natureza desse ato, certo ou errado, não é o assassinato, mas a guerra civil. Como tal, sustento que a instigação a ele, num caso específico, pode ser objeto adequado de punição, mas apenas se à instigação se seguir um ato explícito e se for possível estabelecer pelo menos uma ligação provável entre o ato e a instigação. Mesmo aí, não é um governo estrangeiro, mas apenas o próprio governo atacado que, no exercício da autodefesa, pode legitimamente punir ataques dirigidos contra sua existência.

O melhor governo não tem mais título a ele do que o pior dos governos. O exercício desse poder, quando se dá em consonância com a opinião pública, é tão ou mais nocivo do que quando se dá em oposição a ela. Se todos os seres humanos, à exceção de um, fossem da mesma opinião e apenas uma pessoa fosse de opinião contrária, a humanidade não estaria mais justificada em silenciar essa pessoa do que estaria ela, se detivesse o poder, em silenciar toda a humanidade. Se uma opinião fosse uma propriedade pessoal sem qualquer valor a não ser para seu proprietário; se o impedimento para usufruir dela fosse simplesmente uma lesão na esfera privada, haveria alguma diferença se a lesão fosse causada apenas a algumas ou, pelo contrário, a muitas pessoas. Mas o mal específico de silenciar a expressão de uma opinião é que assim se está roubando a humanidade inteira, tanto a geração atual quanto a posteridade, e os que divergem da opinião, ainda mais do que os que a apoiam. Se a opinião é correta, a humanidade se vê privada da oportunidade de trocar o erro pela verdade; se é errada, perde algo que quase chega a ser um grande benefício: a percepção mais clara e a impressão mais vívida da verdade, geradas por sua colisão com o erro.

É necessário examinar em separado essas duas hipóteses, a cada uma das quais corresponde um ramo distinto da argumentação. Nunca podemos ter certeza se a opinião que tentamos sufocar é uma opinião falsa; e, mesmo que tivéssemos certeza, ainda assim seria um mal sufocá-la.

Primeiro: a opinião que se tenta suprimir pela autoridade pode ser verdadeira. É claro que os que desejam suprimi-la negam sua verdade; mas eles não são infalíveis. Não têm qualquer autoridade para decidir a questão por toda a humanidade e privar todas as outras pessoas dos meios de julgar. Recusarem ouvidos a uma opinião por terem certeza de que ela é falsa é supor que a certeza *deles* é igual a uma certeza *absoluta*. Todo silenciamento de um debate é uma pretensão de infalibilidade. Pode-se admitir esse argumento condenatório simples, mas que nem por ser simples é pior.

Infelizmente para o bom senso da humanidade, o fato de sua falibilidade está longe de ter no juízo prático dos homens o mesmo peso que lhe é sempre concedido na teoria; pois, embora todos saibam muito bem que são falíveis, poucos julgam necessário se precaver contra sua própria falibilidade ou admitem supor que alguma opinião sua, da qual se sentem muito certos, pode constituir um exemplo do erro a que se reconhecem sujeitos. Os príncipes absolutos ou outros que estão acostumados a uma deferência irrestrita usualmente sentem essa plena confiança em suas opiniões sobre quase todos os assuntos. Pessoas em posição mais afortunada, que às vezes veem suas opiniões contestadas e não estão totalmente desacostumadas a ser corrigidas quando estão erradas, depositam a mesma confiança ilimitada apenas naquelas suas opiniões que são partilhadas por todos em seu redor ou por aqueles a quem habitualmente prestam deferência: pois a confiança implícita que um homem normalmente deposita na infalibilidade do "mundo" em geral é proporcional à sua falta de confiança em seu próprio julgamento pessoal. E o mundo, para cada indivíduo, significa aquela parte com a qual ele mantém contato: seu partido, sua seita, sua igreja, sua classe social; aquele para quem o mundo significa algo mais abrangente como seu país ou sua época, pode, em comparação, quase ser chamado de liberal e de vistas largas. E sua crença nessa autoridade coletiva tampouco se abala minimamente pelo fato de saber que outras épocas, outros países, seitas, igrejas, classes e partidos pensaram, e ainda agora pensam, o exato contrário. Ele repassa para seu mundo a responsabilidade de estar certo contra os mundos discordantes de outras pessoas; e não o perturba jamais que tenha sido o mero acaso a decidir qual desses numerosos mundos é o objeto em que deposita sua confiança, e que as mesmas causas que o fazem um anglicano em Londres o teriam feito um budista ou um confuciano em Pequim. No entanto, que as épocas sejam tão falíveis quanto os indivíduos é algo tão evidente que dispensa maiores argumentos, tendo cada época sustentado muitas opiniões que as épocas subsequentes vieram a considerar não só falsas, mas absurdas; e assim como muitas opiniões, antes gerais, agora são rejeitadas pelo presente, é igualmente certo que muitas opiniões, agora gerais, virão a ser rejeitadas por épocas futuras.

  Uma possível objeção a esse argumento provavelmente tomaria a seguinte forma. Ao se proibir a propagação do erro, não há pretensão de infalibilidade maior do que em qualquer outra coisa que a autoridade pública faça a partir de seu próprio julgamento e de sua própria responsabilidade. O julgamento é dado aos homens para que possam usá-lo. Já que ele pode ser usado de maneira errônea, dir-se-á aos homens que então não o usem nunca? Proibir o que julgam pernicioso não é pretender isenção do erro, mas cumprir o dever que lhes cabe, mesmo falíveis, de agir segundo suas convicções de consciência. Se nunca agíssemos de acordo com nossas opiniões porque podem estar erradas, não cuidaríamos de nenhum de nossos interesses e não cumpriríamos nenhum de nossos deveres. Uma objeção que se aplica a todas as condutas não pode ser uma objeção válida a uma conduta em particular. É dever dos governos e dos indivíduos formar as opiniões mais verdadeiras que consigam; formá-las cuidadosamente e nunca as impor aos outros a menos que tenham plena segurança de que são certas. Mas, dispondo-se de tal segurança (podem dizer esses debatedores), não é conscienciosidade e sim covardia abster-se de agir com base em suas opiniões e permitir que se disseminem irrestritamente doutrinas que se julga honestamente serem perigosas ao bem-estar da humanidade, nesta ou noutra vida, só porque outras pessoas, em tempos menos esclarecidos, perseguiram opiniões que agora são tidas como verdadeiras. Tomemos cuidado (diriam eles) em não cometer o mesmo erro; no entanto, governos e nações cometem erros em outras coisas que não se nega serem objetos adequados ao exercício da autoridade: estabelecem maus impostos, travam guerras injustas. Então devemos não estabelecer nenhum imposto e, perante alguma provocação, não travar nenhuma guerra? Homens e governos devem agir segundo o melhor de suas capacidades. Certeza absoluta não existe, mas existe segurança suficiente para as finalidades da vida humana. Podemos e devemos supor que nossa opinião, enquanto guia de nossa conduta pessoal, é verdadeira: e, quando proibimos que os maus pervertam a sociedade propagando opiniões que consideramos falsas e perniciosas, é apenas isso que se supõe.

Respondo eu: o que se supõe é mais, muito mais do que isso. Existe uma imensa diferença entre presumir que uma opinião é verdadeira, pois, havendo todas as oportunidades para contestá-la, ela não foi refutada, e supor que é verdadeira com o propósito de não permitir que seja refutada. A completa liberdade de contradizer e invalidar nossa opinião é a própria condição que nos justifica supor que ela é verdadeira para as finalidades da ação; e esses são os únicos termos em que um ser dotado de faculdades humanas pode ter alguma segurança racional de estar certo.

Quando examinamos a história da opinião ou a conduta comum da vida humana, a que se deve atribuir que não sejam piores do que são? Certamente não à força intrínseca do entendimento humano, pois, em qualquer assunto que não seja evidente por si só, há noventa e nove pessoas totalmente incapazes de julgá--lo para uma que é capaz, e a capacidade da centésima pessoa é apenas relativa, pois, em sua maioria, os insignes homens de todas as gerações do passado sustentaram muitas opiniões que agora são sabidamente errôneas e fizeram ou aprovaram inúmeras coisas que agora ninguém justificaria. Por que, então, há de modo geral uma preponderância de opiniões racionais e de conduta racional entre a humanidade? Se realmente existe essa preponderância – a qual deve existir, a menos que os assuntos humanos estejam e sempre tenham estado numa condição quase desesperada –, é por causa de uma qualidade da mente humana, a fonte de tudo o que há de respeitável no homem como ser intelectual ou como ser moral, a saber, que seus erros podem ser corrigidos. Ele é capaz de retificar seus enganos, pela discussão e pela experiência. Não só pela experiência. Precisa haver discussão, para mostrar como interpretar a experiência. As opiniões e práticas erradas se rendem gradualmente ao fato e ao argumento: mas fatos e argumentos, para produzir qualquer efeito na mente, precisam ser apresentados a ela. São pouquíssimos os fatos capazes de contar sua história dispensando qualquer comentário que revele seu significado. Assim, como toda a força e valor do julgamento humano depende da propriedade exclusiva de poder ser corrigido quando está errado, só se pode depositar confiança nele quando se tem constantemente à mão os meios de corrigi-lo. No caso de uma pessoa cujo julgamento realmente merece confiança, como isso se dá? Dá-se porque ela mantém a mente aberta a críticas sobre suas opiniões e conduta. Dá-se porque ela, em sua prática, ouve tudo o que pode ser dito contra si, aproveita o que há de justo nisso e expõe a si mesma, e ocasionalmente a outras também, a falácia do que era falacioso. Dá-se porque ela sente que a única maneira de um ser humano fazer algum avanço para conhecer a totalidade de um assunto é ouvindo o que pessoas das mais variadas opiniões podem dizer a respeito e estudando todos os modos de o assunto ser examinado por mentes de todos os feitios. Nunca sábio algum adquiriu sua sabedoria a não ser assim, e não está na natureza do intelecto humano tornar-se sábio de qualquer outra maneira. O hábito constante de corrigir e complementar a própria opinião cotejando-a com as alheias, longe de despertar dúvidas e hesitações no momento de colocá-la em prática, é o único fundamento estável para se depositar nela uma justa confiança: pois, estando a pessoa ciente de tudo o que pode ser dito contra ela, pelo menos obviamente, e tendo defendido sua posição contra todos os objetores – sabendo que, em vez de evitar, procurou objeções e dificuldades e não excluiu qualquer luz que pudesse ser lançada sobre o assunto de qualquer ângulo –, ela tem direito de pensar que seu julgamento é melhor do que o de qualquer outra pessoa ou multidão que não tenha passado por processo semelhante.

Não é exigir demais que aquilo que os mais sábios dentre a humanidade, os mais qualificados para confiar em seu próprio julgamento, consideram necessário para justificar sua confiança nele deva ser examinado por aquela mescla de poucos sábios e muitos tolos que é chamada de "o público". A igreja mais intolerante de todas, a Igreja Católica Apostólica, mesmo na canonização de um santo, admite e ouve pacientemente um "advogado do diabo". Ao que parece, nem o mais santo dos homens pode ser admitido a honras póstumas enquanto não se conhecer e se avaliar tudo o que o diabo poderia dizer contra ele. Se não se tivesse permitido questionar até mesmo a filosofia newtoniana, a humanidade não poderia sentir a completa segurança que sente agora em relação à sua verdade. A única salvaguarda em que se apoiam as crenças para as quais dispomos de mais garantias é o convite constante a todos para demonstrarem que elas são infundadas. Se não se aceita o desafio, ou se se aceita e a tentativa falha, ainda estamos bastante longe da certeza, mas fizemos o melhor que a razão humana permite em seu estado atual; não deixamos de lado nada que pudesse dar à verdade uma chance de vir até nós: se a arena continua aberta, podemos ter a esperança de que, se houver uma verdade melhor, será encontrada quando a mente humana for capaz de recebê-la; enquanto isso, podemos confiar que nos aproximamos da verdade o máximo que é possível em nossos dias. Esse é o tanto de certeza que um ser falível pode alcançar, e essa é a única maneira de alcançá-la.

    É estranho que os homens considerem válidos os argumentos em favor da livre discussão, mas objetem a que sejam "levados ao extremo", sem ver que, a menos que as razões sejam boas para um caso extremo, não são boas para caso nenhum. É estranho que imaginem não estarem presumindo infalibilidade, quando reconhecem que deve haver o livre debate sobre todos os assuntos que possam ser *duvidosos*, mas pensam que alguma doutrina ou princípio particular deveria ficar imune a questionamentos porque é *certo*, isto é, porque *eles têm certeza* de que é certo. Dizer que uma proposição é certa, enquanto há alguém que, se lhe fosse permitido, negaria sua certeza, é presumir que nós mesmos, e aqueles que concordam conosco, somos os juízes da certeza, e juízes sem ouvir o outro lado.

Na época presente – que tem sido descrita como "destituída de fé, mas apavorada diante do ceticismo" –, em que as pessoas se sentem seguras, não de que suas opiniões sejam verdadeiras, mas de que não saberiam o que fazer sem elas, a demanda de que se proteja uma opinião contra o ataque público se baseia não tanto em sua verdade, e sim em sua importância para a sociedade. Alega-se que existem certas crenças tão úteis, para não dizer indispensáveis, ao bem-estar que é dever dos governos defender tais crenças, assim como protegem qualquer outro interesse da sociedade. Afirma-se que, em tal caso de necessidade e no caso de algo tão diretamente ligado ao dever dos governos, basta algo aquém da infalibilidade para autorizá-los e até obrigá-los a agir segundo sua própria opinião, confirmada pela opinião geral da humanidade. Também é frequente afirmar, e ainda mais frequente pensar, que apenas os maus desejariam enfraquecer essas crenças salutares, e que não pode haver nada de errado, pensa-se, em coibir os maus e proibir o que apenas esses maus gostariam de praticar. Esse modo de pensar converte a justificação das restrições ao debate numa questão não da verdade das doutrinas, mas de sua utilidade, e assim crê escapar à responsabilidade de se pretender juiz infalível das opiniões. Mas aqueles que se satisfazem com isso não percebem que a pretensão de infalibilidade é meramente transferida de um lugar a outro. A utilidade de uma opinião é, ela mesma, uma questão de opinião: tão discutível, tão aberta ao debate e exigindo tanta discussão quanto a própria opinião. A menos que a opinião em juízo tenha plena oportunidade de se defender, seria preciso um juiz de opiniões infalível para decidir que ela é nociva, tal como para decidir que é falsa. E de nada adianta dizer que o herético, embora proibido de sustentar a verdade de sua opinião, está autorizado a sustentar sua utilidade ou seu caráter inofensivo. A verdade de uma opinião faz parte de sua utilidade. Se quisermos saber se é desejável ou não acreditar numa determinada proposição, há como excluir a consideração sobre se ela é verdadeira ou não? Na opinião, não dos maus, mas dos melhores, nenhuma crença que seja contrária à verdade pode ser realmente útil: e pode-se impedir que eles o aleguem, quando são acusados de negarem alguma doutrina que lhes dizem ser útil, mas que creem ser falsa? Os que estão do lado das opiniões vigentes nunca deixam de se aproveitar ao máximo dessa alegação; não *os* vemos lidando com a questão da utilidade como se ela pudesse ser totalmente abstraída da questão da verdade: pelo contrário, eles sustentam que é indispensável conhecer ou acreditar em sua doutrina sobretudo porque ela é a "verdade". Não pode existir qualquer debate honesto sobre a questão da utilidade quando um argumento tão vital pode ser empregado por uma das partes, mas não pela outra. E, de fato, a lei ou o sentimento público, quando não permitem que se conteste a verdade de uma opinião, mostram a mesma intolerância quando se nega a utilidade de tal opinião. O máximo que permitem é atenuar sua necessidade absoluta ou a indiscutível culpa em rejeitá-la.

A fim de ilustrar mais plenamente o malefício em negar ouvidos a opiniões que condenamos em nosso julgamento pessoal, será desejável debatermos um caso concreto; e escolho, por preferência pessoal, os casos que me são menos favoráveis – aqueles em que os argumentos contra a liberdade de opinião, tanto sob o aspecto da verdade quanto sob o aspecto da utilidade, são considerados os mais sólidos. Tomemos como opinião o contestar a crença num Deus e numa vida futura ou em qualquer das doutrinas morais comumente aceitas. Travar a batalha neste campo dá uma grande vantagem a um antagonista desleal, visto que ele seguramente dirá (e muitos que não desejam ser desleais dirão para si mesmos): "São estas as doutrinas que não consideras suficientemente certas para ser tomadas sob a proteção da lei? A crença em Deus é um daqueles casos em que ter segurança da própria razão é, segundo dizes, presumir infalibilidade?". Mas aqui me seja permitido observar que o que chamo de pretensão de infalibilidade não equivale a se sentir seguro de uma doutrina. Pretensão de infalibilidade é se incumbir de decidir tal questão *pelos outros*, sem lhes permitir que ouçam o que o lado contrário pode ter a dizer. E igualmente denuncio e reprovo tal pretensão também no que se refere a minhas mais solenes convicções. Por mais categórica que possa ser a convicção de cada um, não só quanto à falsidade, mas também quanto às consequências perniciosas – e não só quanto às consequências perniciosas, mas também (para adotar expressões que condeno totalmente) quanto à imoralidade e à impiedade de uma opinião –, se, em decorrência de tal julgamento privado, embora respaldado pelo julgamento público de seu país ou de seus contemporâneos, ele impedir que se ouça a defesa dessa opinião, estará presumindo infalibilidade. E, longe de ser essa pretensão menos objetável ou menos perigosa por ser a opinião considerada imoral ou ímpia, este é, dentre todos os casos, o mais fatal. São exatamente essas as ocasiões em que os homens de determinada geração cometem aqueles erros atrozes que despertam o assombro e o horror da posteridade. É entre elas que encontramos os exemplos memoráveis na história, quando se empregou o braço da lei para eliminar os melhores homens e as mais nobres doutrinas, e com um deplorável desfecho para os homens, embora algumas das doutrinas tenham sobrevivido e sejam (como que num escárnio) invocadas por alguns para defender condutas semelhantes em relação aos que discordam *delas* ou de sua interpretação vigente.

Nunca será demasiado lembrar à humanidade que existiu certa vez um homem chamado Sócrates, que enfrentou um embate memorável com as autoridades legais e a opinião pública de seu tempo. Nascido numa época e num país onde abundava a grandeza individual, esse indivíduo chegou até nós, por meio daqueles que melhor conheciam a ele e à sua época, como o homem mais virtuoso de seu tempo, enquanto *nós* o conhecemos como o guia e protótipo de todos os posteriores mestres da virtude, fonte ao mesmo tempo da elevada inspiração de Platão e do judicioso utilitarismo de Aristóteles, "*i maëstri di color che sanno*" [os mestres daqueles que existem], as duas nascentes da filosofia ética e de todas as outras filosofias. Esse reconhecido mestre de todos os insignes pensadores que viveram desde então – cuja fama, ainda crescente passados mais de dois mil anos, praticamente ultrapassa todos os demais nomes que tornam ilustre sua cidade natal – foi condenado à morte por seus conterrâneos depois de uma condenação judicial por impiedade e imoralidade. Impiedade, por negar os deuses reconhecidos pelo Estado; com efeito, seu acusador afirmou (veja-se a *Apologia*) que ele não acreditava em nenhuma divindade. Imoralidade, por ser, com suas doutrinas e ensinamentos, um "corruptor da juventude". O tribunal o julgou – e honestamente, há todas as razões para crer – culpado e condenou que se executasse como criminoso o homem que muito provavelmente, entre todos os nascidos até então, fora o mais bem-dotado da humanidade.

    Passemos deste para o único outro caso de injustiça judicial cuja menção não seria um anticlímax após a condenação de Sócrates: o acontecimento que teve lugar no Calvário mais de mil e oitocentos anos atrás. O homem que deixou na memória daqueles que presenciaram sua vida e suas palavras uma tal impressão de grandeza moral que os dezoito séculos subsequentes lhe prestaram homenagem como o próprio Todo-Poderoso em pessoa, foi ignominiosamente condenado à morte como o quê? Como blasfemo. Os homens não erraram apenas sobre seu benfeitor; erraram ao tomá-lo como o exato contrário do que ele era e, no tratamento que lhe deram, trataram-no como aquele colosso de impiedade tal como agora eles mesmos são vistos. Os sentimentos com que os homens agora consideram essas lamentáveis ocorrências, especialmente a segunda, os tornam extremamente injustos em seu julgamento dos infelizes atores. Esses, segundo todas as aparências, não eram homens maus – não piores do que normalmente são os homens, e até pelo contrário; eram homens que abrigavam em plena medida, ou mais que em plena medida, os sentimentos religiosos, morais e patrióticos de sua época e de seu povo: o mesmo tipo de homens que, em todos os tempos, inclusive o nosso, têm todas as probabilidades de passarem pela vida como indivíduos irrepreensíveis e respeitados. O sumo sacerdote que rasgou as vestes quando foram proferidas as palavras que, segundo todas as ideias de seu país, constituíam a mais negra culpa, era com toda probabilidade tão sincero em seu horror e indignação quanto agora o são os homens pios e respeitáveis, em geral, nos sentimentos morais e religiosos que professam; e muitos daqueles que agora estremecem à sua conduta, se tivessem nascido como judeus e vivido naquela sua época, teriam agido exatamente como ele agiu. Os cristãos ortodoxos que são tentados a pensar que aqueles que apedrejaram até a morte os primeiros mártires deviam ser homens piores do que eles mesmos são fariam bem em lembrar que um dos perseguidores foi São Paulo.

Acrescentemos mais um exemplo, o mais impressionante de todos, se se medir o que há de impressionante num erro pela sabedoria e pela virtude de quem o cometeu. Se existiu alguém investido de poder com sólidas razões para ser considerado o melhor e o mais esclarecido entre seus contemporâneos, esse alguém foi o imperador Marco Aurélio. Monarca absoluto de todo o mundo civilizado, ele preservou durante a vida não só a mais impoluta justiça, mas também, o que não era tanto de se esperar de sua formação estoica, o mais terno dos corações. As poucas faltas que lhe são atribuídas devem-se, todas elas, à indulgência, ao passo que seus escritos, o mais excelso fruto ético da mente antiga, mal chegam a se diferenciar, se é que se diferenciam de fato, dos ensinamentos mais característicos de Cristo. Esse homem, que foi um cristão, quase na acepção dogmática do termo, melhor do que quase todos os soberanos exteriormente cristãos que reinaram desde aquela época, perseguiu o cristianismo. Ocupando o ápice de todas as realizações anteriores da humanidade, com um intelecto livre e aberto e um caráter que o levou, por si só, a encarnar o ideal cristão em seus escritos morais, mesmo assim Marco Aurélio não conseguiu ver, com seus deveres dos quais estava tão profundamente imbuído, que o cristianismo seria não um mal, e sim um bem para o mundo. Sabia que a sociedade existente se encontrava num estado deplorável. Mas, naquele estado, ele viu ou pensou ver que era a crença e a reverência pelas divindades da tradição que mantinham a sociedade unida e impediam que ela deteriorasse ainda mais. Como dirigente da humanidade, considerava dever seu evitar que a sociedade se desintegrasse e não via como, caso os laços sociais existentes se desfizessem, poderiam se formar outros laços capazes de voltar a uni-la. A nova religião explicitamente pretendia dissolver esses laços: a menos, portanto, que tivesse o dever de adotar essa religião, considerou que tinha o dever de destruí-la. Assim, já que a teologia do cristianismo não lhe parecia verdadeira ou de origem divina, já que aquela estranha história de um Deus crucificado não lhe parecia plausível, e já que ele não poderia prever que um sistema que propunha se alicerçar totalmente sobre um fundamento que lhe parecia tão implausível iria ser a instância de ação renovadora que afinal demonstrou ser, depois de todos os reveses, o mais bondoso e mais afável dos filósofos e dirigentes, sob um solene senso de dever, autorizou a perseguição do cristianismo. A meu ver, esse é um dos fatos mais trágicos de toda a história. É triste pensar como poderia ter sido diferente o cristianismo no mundo se a fé cristã tivesse sido adotada como a religião do império sob os auspícios não de Constantino, e sim de Marco Aurélio. Mas seria igualmente injusto em relação a ele e falso em relação à verdade negar que, ao punir a propagação do cristianismo, faltassem a Marco Aurélio as escusas que podem ser invocadas para punir doutrinas anticristãs. Nenhum cristão acredita que o ateísmo é falso e tende à dissolução da sociedade com mais firmeza do que Marco Aurélio acreditava em relação ao cristianismo: e justo ele que, entre todos os homens então existentes, poderia ser considerado o mais capaz de apreciar seu valor. A menos que se tenha na conta de homem mais sábio e melhor do que Marco Aurélio – mais profundamente versado no saber de sua época, de intelecto mais elevado em relação a seu tempo; mais empenhado na busca da verdade ou, depois de encontrá-la, mais sincero na devoção a ela –, aquele que julga que se deve punir a expressão de opiniões é melhor que se abstenha daquela pretensão de conjunta infalibilidade de si mesmo e da multidão que o grande Antonino* adotou com tão infeliz resultado.

Cientes da impossibilidade de defender o uso da punição para reprimir opiniões irreligiosas com qualquer argumento que não justifique Marco Antonino, os inimigos da liberdade religiosa, quando firmemente pressionados, às vezes aceitam essa consequência e dizem, com dr. Johnson, que os perseguidores do cristianismo estavam certos; que a perseguição é uma prova que a verdade deve enfrentar, e sempre enfrenta com êxito, sendo as penas da lei, ao fim e ao cabo, impotentes contra a verdade, embora às vezes beneficamente eficientes contra erros perniciosos. Essa é uma modalidade do argumento em favor da intolerância religiosa suficientemente notável para não passar em silêncio.

Uma teoria que sustenta que a verdade pode ser justificavelmente perseguida, visto que a perseguição não lhe poderá causar qualquer dano, não pode ser acusada de intencional hostilidade à acolhida de novas verdades; mas não podemos louvar a generosidade de seu procedimento com as pessoas a quem a humanidade deve tais verdades. Revelar ao mundo algo que lhe interessa profundamente e que antes ignorava; provar a

---

* Assim designado por ter sido adotado pelo tio, o imperador Antonino Pio, o qual o nomeou como seu herdeiro no trono. (N.T.)

ele que estava errado em algum ponto vital de interesse temporal ou espiritual, é o serviço mais importante que um ser humano pode prestar a seus semelhantes, e em certos casos, como no dos primeiros cristãos e no dos reformadores, aqueles que pensam como dr. Johnson acreditam que é a dádiva mais preciosa que pode ser concedida à humanidade. Que os autores de benefícios tão esplêndidos sejam premiados com o martírio; que sua recompensa seja a de serem tratados como os mais vis criminosos, não é, segundo essa teoria, um erro lamentável e um infortúnio deplorável pelos quais a humanidade deveria se mortificar vivamente, mas sim o estado de coisas normal e justificável. Segundo essa doutrina, quem apresenta uma nova verdade ficaria como, na legislação dos lócrios, ficava o proponente de uma nova lei, com uma corda no pescoço, a qual seria imediatamente puxada se a assembleia pública, ao ouvir suas razões, não acatasse prontamente sua proposta. Não há como supor que as pessoas que defendem tal maneira de tratar os benfeitores deem grande valor ao benefício; e creio que essa maneira de ver a questão se limita basicamente àquele tipo de pessoa que pensa que talvez antigamente fosse desejável ter novas verdades, mas que agora já as há em quantidade suficiente.

Porém, a máxima de que a verdade sempre triunfa sobre a perseguição é, de fato, uma daquelas amenas falsidades que os homens repetem continuamente até se tornarem lugares comuns, mas que são refutadas por toda a experiência. A história está repleta de exemplos em que a perseguição derrota a verdade. Se não definitivamente suprimida, ela pode sofrer um retrocesso de séculos. Para falar apenas de opiniões religiosas: a Reforma irrompeu pelo menos umas vinte vezes antes de Lutero e foi derrotada. Arnoldo de Brescia foi derrotado. Fra Dolcino foi derrotado. Savonarola foi derrotado. Os albigenses foram derrotados. Os valdenses foram derrotados. Os lollardos foram derrotados. Os hussitas foram derrotados. Mesmo depois da época de Lutero, sempre que se persistiu na perseguição, ela teve êxito. Na Espanha, na Itália, em Flandres, no Império Austríaco, o protestantismo foi erradicado, e muito provavelmente teria sido erradicado na Inglaterra também, se a rainha Maria tivesse sobrevivido ou se a rainha Elizabeth tivesse morrido. A perseguição sempre deu resultado, exceto quando os heréticos formavam um grupo forte demais para ser perseguido com êxito. Nenhuma pessoa sensata há de duvidar que o cristianismo poderia ter sido extirpado no Império Romano. Ele se difundiu e se tornou predominante porque as perseguições eram apenas ocasionais, de breve duração, intercaladas por longos períodos de propaganda quase imperturbada. É sentimentalismo vazio supor que a verdade, como mera verdade, tem algum poder intrínseco, negado ao erro, de prevalecer contra a masmorra e a fogueira. O zelo dos homens pela verdade não é maior do que seu frequente zelo pelo erro, e uma aplicação suficiente das penas da lei ou mesmo da sociedade geralmente conseguirá deter a propagação tanto de uma quanto do outro. A real vantagem da verdade é que, quando uma opinião é verdadeira, pode ser abafada uma, duas, muitas vezes, mas, no decorrer dos tempos, geralmente surgirão pessoas que voltarão a redescobri-la, até que alguma dessas suas reaparições recaia numa época em que, por circunstâncias favoráveis, ela escape à perseguição por tempo suficiente até alcançar tal vulto que resistirá a todas as tentativas posteriores de sufocá-la.

Dirão que agora não condenamos à morte os introdutores de novas opiniões: não somos como nossos antepassados que matavam os profetas, e até lhes dedicamos relicários nas igrejas. É verdade que não condenamos mais os heréticos à morte; e o grau de punição que o sentimento moderno provavelmente iria tolerar, mesmo contra as opiniões mais nocivas, não é suficiente para extirpá-las. Mas não nos iludamos supondo-nos agora isentos da nódoa da perseguição judicial. A lei ainda prescreve penas por opinião ou, pelo menos, pela expressão de opiniões, e sua aplicação, mesmo em nossos tempos, não é tão parca de exemplos que torne inconcebível que algum dia possam ser revividas com todo o vigor. No ano de 1857, nas sessões de verão do condado da Cornualha, um pobre homem*, que constava ser de conduta irrepreensível em todas as relações da vida, foi condenado a vinte e um meses de prisão por ter dito e escrito num portão algumas palavras ofensivas sobre o cristianismo. No decorrer de um mês dessa mesma data, em Old Bailey, duas pessoas, em duas ocasiões distintas**, foram rejeitadas como membros do júri, e uma delas foi grosseiramente insultada pelo juiz e por um dos advogados, porque declararam com honestidade que não tinham qualquer credo teológico; e a uma terceira pessoa, um estrangeiro***, recusou-se justiça contra um ladrão. Essa recusa se deu por causa da doutrina jurídica que não permite a qualquer pessoa que não professe fé num Deus (qualquer deus basta) e numa vida futura que preste depoimento em juízo, o que equivale a declarar tais pessoas fora da lei, excluídas da proteção dos tribunais; e significa não só que essas pessoas podem ser roubadas ou atacadas impunemente, se na ocasião estiverem presentes apenas elas mesmas ou

---

* Thomas Pooley, Sessões de Bodmin, 31 de julho de 1857. Em dezembro do mesmo ano, ele foi indultado pela Coroa.

** George Jacob Holyoake, 17 de agosto de 1857; Edward Truelove, julho de 1857.

*** Baron de Gleichen, Tribunal de Polícia da Marlborough Street, 4 de agosto de 1857.

outras pessoas de opiniões semelhantes, como também que qualquer outro pode ser roubado ou atacado impunemente se a prova da ocorrência depender apenas do testemunho delas. A suposição que dá base a isso é que o juramento de uma pessoa que não acredita numa vida futura não tem valor, proposição essa que indica uma grande ignorância da história por parte daqueles que a aceitam (pois é uma verdade histórica que numerosíssimos incréus de todas as épocas são pessoas de destacada integridade e honra); e não seria acatada por ninguém que tivesse alguma mínima noção da quantidade de pessoas com a mais alta reputação no mundo, tanto por suas virtudes quanto por suas realizações, que são sabidamente, pelo menos entre seus íntimos, descrentes. Essa regra, ademais, é suicida e destrói suas próprias bases. A pretexto de que os ateus devem ser mentirosos, ela admite o testemunho de todos os ateus dispostos a mentir e rejeita apenas os que, em vez de enunciar uma falsidade, enfrentam com bravura a ignomínia de confessar publicamente uma convicção detestada. Uma regra que assim condena a si mesma, por ser absurda no que tange à sua finalidade expressa, só pode se manter em vigor como símbolo de ódio e relíquia da perseguição, perseguição esta que, além do mais, caracteriza-se por exigir como requisito para sofrê-la a clara comprovação de não a merecer. A regra e a teoria nela implícita chegam a ser quase tão insultantes para o crente quanto para o descrente. Pois se aquele que não acredita em vida futura é necessariamente um mentiroso, segue-se daí que os que realmente acreditam só são impedidos de mentir, se é que o são, pelo medo do inferno. Não cometeremos contra os autores e defensores dessa regra a ofensa de supor que extraíram de suas próprias consciências a concepção que têm sobre a virtude cristã.

Estes, com efeito, são apenas resquícios da perseguição e podem ser vistos não tanto como sinais da vontade de perseguir, e sim como um exemplo daquela enfermidade que acomete com extrema frequência a mente dos ingleses e os faz sentirem um prazer absurdo na asserção de um mau princípio quando já não têm mais maldade suficiente para querer realmente aplicá-lo na prática. Mas, infelizmente, não existe qualquer garantia no estado da mente pública de que se manterá a suspensão das piores formas de perseguição judicial que se tem estendido pelo prazo de uma geração. Em nossa época, a superfície calma da rotina é muitas vezes agitada não só pela iniciativa de introduzir novos benefícios, mas também por tentativas de ressuscitar males do passado. O que atualmente se enaltece como revitalização da religião sempre equivale, em mentes estreitas e incultas, pelo menos a uma revitalização do fanatismo; e onde existe o forte e constante fermento da intolerância nos sentimentos de um povo, e que sempre permanece ativo nas classes médias deste país, basta quase nada para levar essas classes a perseguir ativamente aqueles que elas nunca deixaram de considerar como objetos adequados de perseguição.* Pois é isso – as opiniões que os homens

---

* Pode-se extrair ampla advertência da profunda infusão das paixões persecutórias que se mesclaram na exposição geral das piores partes de nosso caráter nacional por ocasião da Revolta dos Sipaios. Os delírios de fanáticos ou charlatães no púlpito talvez não mereçam atenção, mas os dirigentes do partido evangélico anunciaram como princípio para o governo de hindus e muçulmanos que não se subvencionasse com dinheiro público nenhuma escola onde não se ensinasse a Bíblia e, como consequência inevitável, não se desse emprego público senão a reais ou pretensos cristãos. Um subsecretário de Estado [William N. Massey], num discurso a seus constituintes em 12 de novembro de 1857, teria dito: "A tolerância da fé deles" (a fé de cem milhões de súditos britânicos), "da superstição a que chamaram de religião, (continua)

sustentam e os sentimentos que alimentam por aquele que rejeita as crenças que consideram importantes – o que faz deste país um lugar sem liberdade mental. Desde há muito tempo, o principal malefício das penas da lei é o de fortalecer o estigma social. É esse estigma que é realmente eficaz, e tão eficaz que professar opiniões banidas pela sociedade é muito menos comum na Inglaterra do que, em muitos outros países, admitir opiniões ao risco de uma punição judicial. Para todas as pessoas, exceto aquelas em condições financeiras que lhes permitem não depender da boa vontade alheia, a opinião é, nesse aspecto, tão eficiente quanto a lei; tanto vale prender os homens ou retirar-lhes os meios de ganhar o pão. Aqueles que já têm o pão assegurado e não desejam favores dos homens no poder, nem de agremiações ou do público, podem manifestar francamente qualquer opinião sem nada a temer, exceto que os outros pensem ou falem mal deles, o que decerto não exige grande heroísmo de caráter para se suportar. Não há espaço para nenhum apelo *ad misericordiam* em favor de tais pessoas. Mas, ainda que agora não inflijamos tanto mal àqueles que pensam de

---

(cont.) por parte do governo britânico, tivera como efeito retardar a preponderância do grande credo britânico e impedir o crescimento saudável do cristianismo. (...) A tolerância foi o grande alicerce das liberdades religiosas deste país; mas não se permita o abuso da preciosa palavra 'tolerância'. Tal como ele a entendia, significava o pleno direito civil de todos, a liberdade religiosa, entre cristãos, cuja religião se baseava no mesmo fundamento. Significava a tolerância de todas as seitas e denominações de cristãos que acreditavam no único mediador". Quero chamar a atenção para o fato de que um homem que foi considerado capaz de ocupar um alto cargo no governo deste país, num gabinete liberal, sustenta a doutrina de que os que não acreditam na divindade de Cristo estão fora da alçada da tolerância. Quem, depois dessa demonstração de imbecilidade, pode se permitir a ilusão de que a perseguição religiosa desapareceu para nunca mais voltar?

maneira diferente da nossa como antes costumávamos fazer, talvez façamos tanto mal a nós mesmos quanto fazíamos com o tratamento que dávamos a eles. Sócrates foi condenado à morte, mas a filosofia socrática se ergueu como o sol nos céus e difundiu sua luz por todo o firmamento intelectual. Os cristãos foram atirados aos leões, mas a igreja cristã cresceu e se tornou uma árvore ampla e majestosa, sobranceando as plantas mais antigas e menos vigorosas e abafando-as sob sua sombra. Nossa intolerância puramente social não mata ninguém, não erradica qualquer opinião, mas induz as pessoas a disfarçá-las ou a se absterem de qualquer empenho ativo em difundi-las. Em nosso tempo, as opiniões heréticas não ganham e nem mesmo perdem terreno perceptível a cada década ou geração; nunca refulgem com largueza e amplidão, mas apenas fumegam em lenta combustão nos círculos estreitos de pensadores e estudiosos entre os quais se originam, sem jamais iluminar os assuntos gerais da humanidade com sua luz, seja verdadeira ou enganosa. E assim se mantém um estado de coisas muito satisfatório para algumas mentes porque, sem o desagradável processo de multar ou prender seja quem for, ele conserva todas as opiniões predominantes sem qualquer perturbação exterior, e ao mesmo tempo sem interditar de forma alguma o exercício da razão aos dissidentes afligidos pela doença do pensar. Um esquema conveniente para ter paz no mundo intelectual e manter todas as coisas em larga medida tal como já estão. Mas o preço pago por essa espécie de pacificação intelectual é o sacrifício de toda a coragem moral da mente humana. Um estado de coisas em que uma grande parcela dos intelectos mais ativos e inquiridores considera aconselhável guardar dentro de si os princípios e fundamentos gerais de suas convicções e, naquilo que expõem ao público, tentar adequar ao máximo possível suas conclusões às premissas a que renunciaram internamente não pode gerar os caráteres francos e destemidos e os intelectos lógicos e coerentes que outrora adornaram o mundo pensante. Os homens que aí se podem encontrar meramente adotam a conformidade com o lugar comum ou são oportunistas em relação à verdade, com argumentos sobre todos os grandes temas apenas destinados a seus ouvintes e que não são os que os convenceram. Aqueles que evitam essa alternativa fazem-no restringindo seus pensamentos e interesses a coisas que podem comentar sem se aventurarem a entrar na região dos princípios, isto é, restringindo-os a pequenas questões práticas, que se acertariam por si mesmas, bastando que a mente dos seres humanos se fortalecesse e se ampliasse, mas que até lá nunca se acertarão efetivamente, enquanto se deixar ao abandono aquilo que fortaleceria e ampliaria a mente humana, a saber, a reflexão livre e intrépida sobre os mais altos temas.

Aqueles que não veem qualquer mal nessa reticência por parte dos heréticos devem considerar em primeiro lugar que, em decorrência disso, nunca há qualquer discussão séria e profunda das opiniões heréticas, e que aquelas que não conseguiriam resistir a tal discussão não deixam de existir, mesmo que impedidas de se difundir. Mas não é a mente dos heréticos que mais se deteriora com o veto imposto a qualquer investigação que não resulte nas conclusões ortodoxas. O maior dano resultante recai sobre os que não são heréticos e cujo desenvolvimento mental como um todo é tolhido e cuja razão é intimidada pelo medo da heresia. Quem pode calcular o prejuízo que tem o mundo com a quantidade de intelectos promissores associados a caráteres tímidos, que não se atrevem a seguir qualquer rumo de pensamento ousado, vigoroso, independente, pelo receio de serem levados a algo passível de ser considerado irreligioso ou imoral? Às vezes podemos ver entre eles algum homem de profunda conscienciosidade e entendimento sutil e refinado, que passa a vida sofismando com um intelecto que não consegue silenciar e esgota os recursos do engenho tentando reconciliar as sugestões de sua consciência e de sua razão com a ortodoxia, o que, ao final, talvez nem sempre consiga. Não pode ser um grande pensador aquele que não reconhece que, como pensador, seu primeiro dever é seguir seu intelecto a qualquer conclusão a que ele o possa levar. A verdade até ganha mais com os erros daquele que, com o devido estudo e preparo, pensa por si mesmo do que com as opiniões verdadeiras daqueles que só as sustentam porque não se dispõem a pensar. Não que a liberdade de pensamento seja necessária apenas ou principalmente para formar grandes pensadores. Pelo contrário, ela é tão ou ainda mais indispensável para permitir aos seres humanos médios que alcancem a estatura mental de que são capazes. Existiram e podem voltar a existir grandes pensadores individuais numa atmosfera geral de escravidão mental. Mas, em tal atmosfera, nunca existiu e nunca existirá um povo intelectualmente ativo. Sempre que algum povo se aproximou temporariamente de tal índole foi porque o medo à reflexão heterodoxa se suspendeu por algum tempo. Onde há uma convenção tácita de que não se devam debater princípios, onde se dá por encerrada a discussão das maiores questões que podem ocupar a humanidade, não podemos esperar encontrar aquele nível geralmente alto de atividade mental que deu tanta notabilidade a alguns períodos da história. Sempre que a controvérsia evitou tratar temas de amplitude e importância suficientes para acender o entusiasmo, jamais povo algum se sentiu mentalmente instigado desde suas bases e jamais recebeu o impulso capaz de elevar mesmo os dotados do mais comum intelecto a algo da dignidade de um ser pensante. Disso tivemos um exemplo na condição da Europa nos tempos imediatamente subsequentes à Reforma; outro exemplo, embora limitado ao Continente e a uma classe mais cultivada, tivemos no movimento intelectual da segunda metade do século XVIII; e um terceiro, de duração ainda breve, tivemos na fermentação intelectual da Alemanha no período goethiano e fichtiano. Esses períodos se diferenciavam muito nas opiniões específicas que desenvolveram; mas o que havia de semelhante entre eles era que, durante esses três períodos, rompera-se o jugo da autoridade. Em todos eles, removera-se um velho despotismo mental e ainda não se instalara nenhum novo. O impulso dado nesses três períodos foi o que fez da Europa o que ela é agora. Todo e qualquer aperfeiçoamento que ocorreu na mente humana ou nas instituições pode ser claramente rastreado até um ou outro deles. Faz algum tempo que, ao que indicam as aparências, esses três impulsos estão praticamente extintos, e não podemos esperar qualquer novo avanço enquanto não reafirmarmos nossa liberdade mental.

Passemos agora à segunda parte da argumentação e, deixando de lado a suposição de que alguma das opiniões vigentes possa ser falsa, presumamos que são verdadeiras e examinemos o mérito da maneira como costumam ser adotadas, quando sua verdade não passa por um escrutínio livre e aberto. Por menos que uma pessoa de opinião forte se disponha a aceitar a possibilidade de que sua opinião talvez seja falsa, há de movê-la a consideração de que, por verdadeira que sua opinião possa ser, se não for discutida integralmente, com constância e destemor, ela será sustentada não como uma verdade viva e sim como um dogma morto.

Existe uma categoria de pessoas (felizmente não tão numerosas como outrora) que consideram suficiente que alguém concorde prontamente com o que pensam ser verdadeiro, ainda que esse alguém não tenha o mais remoto conhecimento das bases dessa opinião e não seja capaz de defendê-la com a mínima solidez perante a mais superficial objeção. Tais pessoas, se alguma vez chegam a derivar suas convicções dos ensinamentos de alguma autoridade, naturalmente pensam que há de sobrevir algum mal e nenhum bem caso se permita que sejam questionadas. Onde a influência dessas pessoas prevalece, torna-se praticamente impossível rejeitar a opinião vigente de modo refletido e ponderado, embora ainda se possa rejeitá-la com grosseria e ignorância; pois raramente é possível silenciar por completo o debate e, no momento em que ele se inicia, as crenças não fundadas na convicção costumam ceder diante da mais leve aparência de argumento. Mas, deixando de lado essa possibilidade e supondo que a opinião verdadeira subsiste na mente, porém como preconceito, como crença independente de argumentação e refratária a provas, não é assim que um ser racional deveria sustentar a verdade. Isso não é conhecer a verdade. A verdade assim sustentada não passa de uma superstição a mais, acidentalmente apensa às palavras que enunciam uma verdade.

Se o intelecto e o julgamento da humanidade devem ser cultivados, coisa que os protestantes pelo menos não negam, sobre quais coisas a pessoa pode exercer essas suas faculdades de maneira mais apropriada, a não ser nas que lhe interessam a ponto de considerar necessário ter opiniões sobre elas? Se o cultivo do entendimento consiste em alguma coisa em particular, certamente é em conhecer os fundamentos das próprias opiniões. Seja qual for a crença das pessoas em assuntos em que é de primeira importância crer corretamente, elas teriam de conseguir defendê-la pelo menos contra as objeções mais comuns. Mas talvez se retruque: "Deixe-se que lhes *ensinem* os fundamentos de suas opiniões. Se nunca ouviram contestá-las, disso não se segue que as opiniões hão de ser meramente papagueadas. As pessoas que aprendem geometria não se limitam a confiar os teoremas à memória, mas também entendem e aprendem as demonstrações; e seria absurdo dizer que se mantêm ignorantes dos fundamentos das verdades geométricas por nunca terem ouvido alguém negar e tentar refutá-las". Sem dúvida: e tal ensinamento é suficiente num assunto como a matemática, onde não há absolutamente nada a dizer sobre o lado errado da questão. A característica da demonstração das verdades matemáticas é que toda a argumentação se situa de um lado só. Não há objeções nem respostas a objeções. Mas, em todos os assuntos em que é possível haver diferenças de opinião, a verdade depende de um equilíbrio a ser alcançado entre dois conjuntos de razões conflitantes. Mesmo na filosofia natural, sempre há alguma outra explicação possível dos mesmos fatos, uma teoria geocêntrica em vez de heliocêntrica, um flogisto em vez de oxigênio, e é preciso mostrar por que aquela outra teoria não pode ser a verdadeira: enquanto não se o mostrar e enquanto não soubermos como se o mostra, não entenderemos as bases de nossa opinião. Mas, quando passamos a assuntos infinitamente mais complicados, à conduta moral, à religião, à política, às relações sociais e aos afazeres da vida, três quartos dos argumentos para cada opinião debatida consistem em desmontar as aparências favoráveis a alguma outra opinião. O segundo maior orador da Antiguidade registrou que sempre estudava a argumentação de seu adversário com a mesma intensidade, se não ainda maior, com que estudava a sua própria. O que Cícero praticava como meio para o sucesso no fórum deve ser imitado por todos os que estudam qualquer assunto, a fim de chegar à verdade. Quem conhece apenas seu próprio lado pouco conhece do caso. Suas razões podem ser boas e talvez não haja ninguém capaz de refutá-las. Mas, se ele for igualmente incapaz de refutar as razões do lado contrário, se não se empenhar em conhecê-las, não terá qualquer base para preferir uma ou outra. A posição racional, nesse caso, seria a suspensão do juízo e, a menos que se contente com isso, ele será guiado pela autoridade ou adotará, como o mundo em geral, o lado ao qual se sente mais propenso. E não basta ouvir os argumentos dos adversários expostos por seus próprios mestres, apresentados tal como eles os enunciam e acompanhados pelo que oferecem como refutação. Não é assim que se faz justiça aos argumentos, nem como se toma efetivo contato com eles na própria mente. Deve poder ouvi-los das pessoas que realmente acreditam neles, que os defendem convictamente e dão o máximo de si por eles. Deve conhecê-los em sua forma mais plausível e persuasiva; deve sentir toda a força da dificuldade que a visão do assunto, para ser verdadeira, precisará enfrentar e eliminar; do contrário, nunca dominará realmente aquela parte da verdade que faz frente e remove tal dificuldade. Noventa e nove por centro dos homens ditos cultos se encontram nessa condição, mesmo aqueles capazes de argumentar com grande fluência em favor de suas opiniões. A conclusão deles pode ser verdadeira, mas, até onde sabem, também poderia ser falsa: nunca se colocaram na posição mental daqueles que pensam de maneira diferente nem examinaram o que tais pessoas têm a dizer; por conseguinte, não conhecem, em nenhum sentido adequado do termo, a doutrina que eles mesmos professam. Não sabem quais são as partes que explicam e justificam as demais; ignoram as considerações que mostram como dois fatos aparentemente conflitantes podem se reconciliar ou, entre duas razões aparentemente fortes, como escolher uma em detrimento de outra. Desconhecem toda aquela parte da verdade que é o fiel da balança e que decide o julgamento de uma mente plenamente informada; e tampouco é possível conhecê-la realmente a não ser frequentando ambos os lados de maneira equânime e imparcial e empenhando-se em ver as razões de ambos à luz mais forte. Essa disciplina é tão essencial para um real entendimento dos assuntos morais e humanos que, se não existirem oponentes de todas as verdades importantes, é indispensável imaginá-los e fornecer-lhes os argumentos mais sólidos possíveis que o mais habilidoso advogado do diabo consiga invocar.

    Para abrandar a força dessas considerações, pode-se supor que um inimigo da livre discussão diga que a humanidade em geral não tem qualquer necessidade de conhecer e entender tudo o que filósofos e teólogos podem dizer contra ou a favor de suas opiniões. Que não é preciso que os homens comuns consigam expor todas as falácias ou asserções errôneas de um oponente engenhoso. Que basta sempre haver alguém capaz de responder a elas, para não deixar sem refutação nada que seja capaz de desorientar as pessoas não instruídas. Que as mentes simples, tendo aprendido os fundamentos óbvios das verdades que lhe são inculcadas, podem confiar o restante à autoridade e, estando cientes de que não têm conhecimento nem talento para solucionar todas as dificuldades que venham a ser levantadas, podem se sentir na segurança de que todas as que foram levantadas já foram ou podem ser respondidas por aqueles especialmente treinados para a tarefa.

Mesmo concedendo a essa visão do assunto o máximo que podem pretender os que se satisfazem muito facilmente com aquele mínimo de entendimento da verdade que deve acompanhar a crença que se deposita nela, ainda assim o argumento em favor da livre discussão não sofre qualquer enfraquecimento. Pois mesmo essa doutrina reconhece que a humanidade deve ter uma segurança racional de que todas as objeções foram satisfatoriamente respondidas; e como respondê-las, se não se enunciar o que está pedindo resposta? Ou como se pode saber que a resposta é satisfatória, se os objetores não tiverem oportunidade de mostrar que ela é insatisfatória? Se não o público, pelo menos os filósofos e teólogos que hão de solucionar as dificuldades devem se familiarizar com tais dificuldades em suas formas mais complicadas, coisa que não pode ser feita a menos que sejam livremente enunciadas e postas à luz mais favorável possível. A Igreja Católica tem sua maneira própria de lidar com esse problema embaraçoso. Ela faz uma ampla separação entre os que podem abraçar suas doutrinas com base na convicção e os que devem aceitá-las com base na confiança. Nenhum dos lados pode, de fato, escolher o que aceitará; mas aos membros do clero, pelo menos aos que sejam plenamente confiáveis, pode-se admitir e conceder o mérito de se familiarizarem com os argumentos dos oponentes, a fim de respondê-los, e por isso podem ler livros heréticos; os laicos não, a menos que recebam permissão especial, difícil de se obter. Essa disciplina reconhece que um conhecimento da posição do inimigo é benéfico aos mestres, mas encontra meios coerentes de negá-lo ao restante do mundo, assim dando à elite mais cultura mental, embora não mais liberdade mental, do que concede à massa. Com esse recurso, ela consegue obter o tipo de superioridade mental necessário para seus propósitos; pois, embora a cultura sem liberdade nunca tenha gerado uma mente larga e liberal, pode gerar um inteligente advogado *nisi prius* [de primeira instância] de uma causa. Mas tal expediente é negado nos países que professam o protestantismo, visto que os protestantes sustentam, pelo menos em teoria, que a responsabilidade pela escolha de uma religião cabe pessoalmente a cada um e não pode ser transferida aos mestres. Além disso, no estado atual do mundo, é praticamente impossível impedir que os textos lidos pelos cultos cheguem aos incultos. Se os mestres da humanidade precisam estar a par de tudo o que têm obrigação de saber, é necessário que haja liberdade de escrever e publicar tudo sem restrições.

Mas se os efeitos perniciosos da inexistência de um livre debate, quando as opiniões vigentes são verdadeiras, se resumissem a deixar os homens na ignorância dos fundamentos de tais opiniões, poder-se-ia pensar que, embora seja um mal intelectual, não é um mal moral e não afeta o mérito das opiniões, vistas em sua influência sobre o caráter. Porém o fato é que, à ausência de debate, esquecem-se não só os fundamentos da opinião, mas muitas vezes até seu próprio significado. As palavras que transmitem a opinião deixam de sugerir ideias ou sugerem apenas uma pequena parcela daquelas que transmitiam originalmente. Em vez de uma concepção vívida e de uma crença viva, restam apenas algumas expressões conservadas por hábito; ou, se resta alguma coisa do significado, é apenas sua casca vazia, tendo-se perdido a essência mais pura. Nunca será demais estudar e refletir com afinco sobre o grande capítulo da história humana, ocupado e preenchido por esse fato.

Ele vem ilustrado na experiência de quase todas as doutrinas éticas e crenças religiosas. Elas transbordam de energia e significado para os que lhes dão origem e para seus discípulos diretos. O significado continua a se fazer sentir com a mesma força, e talvez possa ser apresentado com uma consciência ainda mais plena, enquanto perdura a luta para dar à doutrina ou à crença uma ascendência sobre as demais. Por fim, ela ou prevalece e se torna a opinião geral, ou interrompe seu avanço; continua a ocupar o terreno que ganhou, mas deixa de se difundir. Sobrevindo um desses dois resultados, a controvérsia sobre o tema se enfraquece e aos poucos desaparece. A doutrina ocupa seu lugar, se não como opinião dominante, ao menos como uma das seitas ou facções de opinião admitidas: quem a sustenta geralmente é por herança, não por adoção; e a conversão de uma dessas doutrinas a outra, sendo agora um fato excepcional, pouco lugar ocupa nos pensamentos dos que a professam. Em vez de estarem em alerta constante para se defender contra o mundo ou para atraí-lo a si, como de início, acomodaram-se na aquiescência e, podendo evitar, não ouvem os argumentos contra sua crença nem perturbam os dissidentes (se é que os há) com argumentos em favor dela. Normalmente, é a partir daí que se pode datar o declínio na vitalidade da doutrina. Muitas vezes ouvimos os mestres de todos os credos se queixando da dificuldade em manter na mente dos fiéis uma apreensão vívida da verdade que nominalmente aceitam, para que então ela possa penetrar nos sentimentos e adquirir um efetivo domínio sobre a conduta. Não se reclama de tal dificuldade enquanto o credo ainda está lutando por sua existência: mesmo os combatentes mais fracos sentem e sabem pelo que estão lutando, sentem e sabem a diferença entre ela e as demais doutrinas; e, nesse período da existência de todos os credos, encontram-se não poucas pessoas que entendem seus princípios fundamentais em todas as formas de pensamento, pesam-nos e examinam-nos em todos os seus aspectos importantes e experimentam o pleno efeito no caráter que a crença em tal doutrina deve produzir numa mente totalmente imbuída dela. Mas, quando passa a ser um credo hereditário, a ser recebido passivamente, não ativamente – quando a mente deixa de ser compelida, no mesmo grau em que o era inicialmente, a exercer seus poderes vitais nas questões que lhe são apresentadas por sua crença, há uma tendência progressiva a esquecer tudo dessa crença, exceto as fórmulas feitas, ou a lhe dar uma concordância apática e indiferente, como se essa aceitação em confiança dispensasse a necessidade de apreendê-la na consciência ou testá-la na experiência pessoal, até que praticamente deixa de ter qualquer ligação com a vida interior do ser humano. Então veem-se os casos, tão frequentes nessa época do mundo que quase chegam a formar maioria, em que o credo permanece como que exterior à mente, formando uma crosta e petrificando a mente contra todas as outras influências dirigidas às partes mais elevadas de nossa natureza; manifestando seu poder ao impedir o ingresso de qualquer convicção viva e nova, mas sem fazer nada pela mente ou pelo coração, exceto manter-se ali de sentinela para que continuem vazios.

A maneira como a maioria dos fiéis abraça as doutrinas do cristianismo ilustra até que ponto doutrinas intrinsecamente capazes de causar a mais profunda impressão na mente podem permanecer nela como crenças mortas, sem jamais serem apreendidas na imaginação, nos sentimentos ou no entendimento. Por cristianismo, entendo aqui o que é apresentado como tal por todas as igrejas e seitas: as máximas e preceitos contidos no Novo Testamento. São considerados sagrados e aceitos como leis por todos os que se professam cristãos. Mas não seria propriamente um exagero dizer que nem sequer um cristão em mil utiliza tais leis para guiar ou avaliar sua conduta individual. O critério a que ele recorre efetivamente é o costume de sua nação, de sua classe ou de sua denominação religiosa. Assim ele conta, de um lado, com uma coleção de máximas éticas, que crê lhe terem sido outorgadas pela infalível sabedoria como regras para governar a si mesmo; de outro lado, com um conjunto de juízos e práticas do cotidiano, que condizem até certo ponto com algumas daquelas máximas, não tanto com outras, que contrariam frontalmente algumas outras e, no geral, constituem um acomodamento entre o credo cristão e os interesses e sugestões da vida terrena. Ao primeiro critério, ele rende homenagem; ao outro, presta sua efetiva lealdade. Todos os cristãos acreditam que abençoados são os pobres e humildes e os desprezados pelo mundo; que é mais fácil um camelo passar pelo buraco de uma agulha do que um rico entrar no reino dos céus; que não devem julgar para não serem julgados; que não devem invocar Seu nome em vão; que devem amar o próximo como a si mesmos; que, se alguém lhes tirar o manto, devem-lhe dar também o casaco; que não devem se preocupar com o amanhã; que, se quiserem a perfeição, devem vender tudo o que têm e dar aos pobres. Não são insinceros quando dizem acreditar em tais coisas. Acreditam mesmo, como as pessoas acreditam naquilo que sempre ouviram louvar e jamais debater. Mas, no sentido daquela crença viva que regula a conduta, acreditam nessas doutrinas até o ponto em que exercem o efeito usual sobre eles. As doutrinas, tomadas na íntegra, servem para apedrejar os adversários, e sabe-se que devem ser apresentadas (quando possível) como as razões para qualquer coisa que as pessoas façam e julguem louvável. Mas quem lhes lembrasse que as máximas exigem uma infinidade de coisas que nunca sequer lhes passaria pela cabeça fazer, nada ganharia a não ser classificar-se entre aqueles indivíduos muito impopulares que afetam ser melhores do que os outros. As doutrinas não têm domínio sobre os fiéis comuns – não têm poder em suas mentes. Eles guardam um respeito costumeiro pelo som delas, mas nenhum sentimento que se estenda das palavras às coisas significadas e force a mente a recebê-*las* e fazê-las coincidir com os preceitos. Sempre que se trata da conduta, procuram o sr. A e o sr. B para que os orientem até que ponto devem ir na obediência a Cristo.

Ora, podemos ter bastante segurança de que não era esse o caso, muito pelo contrário, com os primeiros cristãos. Se assim fosse, o cristianismo nunca teria se expandido, passando de obscura seita de hebreus desprezados a religião do império romano. Quando seus inimigos diziam: "Vede como esses cristãos se amam uns aos outros!" (comentário que dificilmente alguém faria hoje), sem dúvida tinham sobre o significado de seu credo um sentimento muito mais vívido do que jamais voltaram a ter depois. E provavelmente é por isso, acima de tudo, que o cristianismo agora progride tão pouco na ampliação de seu domínio e, depois de dezoito séculos, ainda está praticamente restrito a europeus e descendentes de europeus. Mesmo com os indivíduos mais estritamente religiosos, que são muito sérios em relação a suas doutrinas e associam a muitas delas um significado bem maior do que as pessoas em geral, é comum acontecer que a parte relativamente atuante em suas mentes é a que foi formulada por Calvino, por Knox* ou por alguém de caráter muito próximo ao deles. Os ensinamentos de Cristo coexistem passivamente em suas mentes, e dificilmente chegam a produzir qualquer efeito além do mero som de palavras tão brandas e afáveis. Há, sem dúvida, muitas razões pelas quais as doutrinas que constituem o elemento distintivo de uma seita conservam mais vitalidade do que as doutrinas comuns a todas as seitas reconhecidas, e por que os mestres se esforçam mais em manter seu significado vivo, mas uma dessas razões certamente é a de que as doutrinas peculiares são mais questionadas e têm de se defender com mais frequência contra seus contestadores. Quando não houver mais nenhum inimigo em campo, mestres e discípulos logo adormecerão em seus postos.

A mesma coisa se aplica, falando em termos gerais, a todas as doutrinas tradicionais – não só as morais e religiosas, mas também as de experiência prática e conhecimento da vida. Todas as línguas e literaturas trazem inúmeras observações gerais sobre a vida, o que ela é e como se conduzir nela; observações que todos conhecem, todos repetem ou concordam ao ouvir, que são aceitas como truísmos, mas cujo significado as pessoas, em sua maioria, só vêm de fato a aprender pela primeira vez quando a experiência, geralmente de tipo penoso, apresenta-o como realidade a elas. Quantas vezes, ao sofrer alguma decepção ou desventura imprevista, a pessoa relembra algum provérbio ou ditado comum, que conhecia durante toda a vida, e cujo significado, se alguma vez o tivesse sentido antes como o sente agora, a teria salvado da calamidade! De fato existem razões para isso, além da ausência de debate: existem muitas verdades

---

* John Knox, reformador calvinista escocês (1513-1572). (N.T.)

cujo significado pleno *não pode* ser entendido enquanto não se tiver experiência própria. Mas, mesmo no caso dessas verdades, o significado delas seria entendido em proporção muito maior, e o que se entendesse iria se imprimir na mente com profundidade muito maior, se o homem estivesse acostumado a ouvir argumentos favoráveis e contrários de pessoas que entendessem o assunto em debate. A tendência fatal da humanidade de deixar de pensar sobre algo que não é mais duvidoso é a causa de metade de seus erros. Bem falou um autor contemporâneo sobre "o sono profundo de uma opinião firmada".

Mas como?, pode-se perguntar. A ausência de unanimidade é condição indispensável do conhecimento verdadeiro? É necessário que uma parte da humanidade persista no erro, para que alguém entenda a verdade? Uma crença deixa de ser real e vital tão logo passa a ser geralmente aceita – e uma proposição nunca é inteiramente entendida e sentida a menos que reste alguma dúvida? Logo que os homens aceitam unanimemente uma verdade, a verdade morre dentro deles? Até agora pensava-se que o fim mais elevado e o melhor resultado da inteligência aprimorada seria unir mais e mais a humanidade no reconhecimento de todas as verdades importantes: então, a inteligência dura apenas enquanto não alcançar seu objetivo? Os frutos da conquista perecem pela própria consumação da vitória?

Não afirmo tal coisa. Com o aperfeiçoamento da humanidade, o número de doutrinas que deixam de ser objeto de dúvida ou debate aumentará constantemente: e quase se pode medir o bem-estar da humanidade pelo número e pelo peso das verdades que atingiram o ponto de ser incontestes. O fim de graves controvérsias, numa questão após a outra, é um dos acompanhamentos necessários da consolidação da opinião, consolidação essa que é tão salutar no caso das opiniões verdadeiras como perigosa e nociva no caso das opiniões errôneas. Mas, ainda que esse gradual estreitamento dos limites da diversidade de opiniões seja necessário nos dois sentidos do termo, sendo ao mesmo tempo inevitável e indispensável, nem por isso somos obrigados a concluir que todas as suas consequências serão benéficas. A perda de um recurso tão importante para a apreensão viva e inteligente de uma verdade, tal como é fornecido pela necessidade de explicá-la ou defendê-la perante os oponentes, embora não seja suficiente para superar o benefício de seu reconhecimento universal, mesmo assim é uma desvantagem considerável. Quando não se pode mais contar com tal recurso, confesso que gostaria de ver os mestres da humanidade empenhados em encontrar um substituto para ele, algum expediente para conferir às dificuldades da questão tal vividez para a consciência do discípulo como se elas lhe fossem apresentadas por um adversário defensor de outra causa, ansioso em convertê-lo.

Mas, em lugar de procurarem expedientes com essa finalidade, perderam os que tinham antes. A dialética socrática, tão grandiosamente exemplificada nos diálogos de Platão, era um expediente desse gênero. Consistia essencialmente num debate negativo das grandes questões da filosofia e da vida, conduzido com consumada habilidade para convencer quem tivesse meramente adotado os lugares comuns da opinião vigente de que ele não entendia o assunto – de que ainda não associava qualquer significado definido às doutrinas que professava – a fim de que, tornando-se ciente de sua ignorância, pudesse ser encaminhado rumo a uma crença estável, baseando-se numa clara apreensão tanto do significado quanto da clareza das doutrinas. As discussões escolásticas da Idade Média tinham um objetivo mais ou menos semelhante. Destinavam-se a assegurar que o discípulo entendesse sua própria opinião e (por necessária correlação) a opinião contrária a ela, e pudesse impor os fundamentos de uma e refutar os da outra. Essas disputas agora mencionadas tinham, de fato, o irreparável defeito de usarem premissas extraídas da autoridade, não da razão; e, como disciplina mental, eram inferiores, em todos os aspectos, à poderosa dialética que formava os intelectos dos "Socratici viri" [discípulos de Sócrates]: mas a mente moderna deve muito mais a ambas do que geralmente admite de bom grado, e os atuais modos de ensino nada contêm, nem no mais ínfimo grau, que ocupe o lugar de uma ou de outra. Uma pessoa que deriva toda a sua instrução de mestres ou livros, mesmo que escape à habitual tentação de se satisfazer com o mero acúmulo, não está sob a obrigação de ouvir os dois lados; assim, mesmo entre pensadores, conhecer os dois lados está longe de ser uma prática frequente, e a parte mais fraca daquilo que cada qual diz em defesa de sua opinião é o que pretende como réplica aos antagonistas. Nos tempos atuais é costume depreciar a lógica negativa – aquela que aponta fragilidades na teoria ou erros na prática, sem estabelecer verdades positivas. Tal crítica negativa seria, de fato, bastante pobre como resultado final; mas, como meio para alcançar alguma convicção ou conhecimento positivo digno desse nome, ela é inestimável; e, enquanto as pessoas não voltarem a ser sistematicamente treinadas nela, serão poucos os grandes pensadores, e a média geral do intelecto será baixa em qualquer campo de reflexão que não seja a matemática ou a física. Em qualquer outro assunto, nenhuma opinião merece o nome de conhecimento, a não ser que a pessoa tenha percorrido, seja por imposição alheia ou própria, o mesmo processo mental que lhe seria exigido ao se envolver numa controvérsia ativa com adversários. Assim, quando aquilo que é tão indispensável, mas tão difícil de criar, oferece-se espontaneamente, como é absurdo, mais do que absurdo, rejeitá-lo! Havendo pessoas que contestem uma opinião vigente ou que a contestarão se a lei ou a opinião assim o permitirem, agradeçamos a elas, abramos nossas mentes para ouvi-las, alegremo-nos que exista alguém que faça por nós aquilo que de outra forma, se sentirmos algum apreço pela certeza ou pela vitalidade de nossas convicções, teríamos de fazer com muito mais trabalho por nós mesmos.

Resta ainda falar de uma das principais causas que tornam vantajosa a diversidade de opiniões e continuarão a fazê-lo enquanto a humanidade não ingressar num estágio de avanço intelectual que, no presente, parece estar a uma distância incalculável. Até aqui, examinamos apenas duas possibilidades: a de que a opinião vigente seja falsa e, por consequência, alguma outra opinião seja verdadeira; e a de que, sendo verdadeira a opinião vigente, é essencial um conflito com o erro contrário para uma apreensão clara e um sentimento profundo de sua verdade. Mas existe um caso mais comum do que esses dois: quando as doutrinas conflitantes, em vez de serem uma verdadeira e outra falsa, compartilham ambas a verdade, e a opinião discordante é necessária para suprir o restante da verdade, que está presente apenas em parte na doutrina vigente. As opiniões populares sobre assuntos intangíveis aos sentidos muitas vezes são verdadeiras, mas nunca ou quase nunca encerram toda a verdade. Fazem parte da verdade; uma parte às vezes maior, às vezes menor, mas exagerada, distorcida e desvinculada das verdades que a devem acompanhar e limitar. As opiniões heréticas, por outro lado, geralmente são algumas dessas verdades suprimidas e negligenciadas, rompendo as correntes que as subjugavam, procurando ou se reconciliar com a verdade contida na opinião comum ou enfrentá-la como inimiga, apresentando-se, com similar exclusivismo, como verdade completa. Este último caso é, até agora, o mais frequente, na medida em que, na mente humana, a posição unilateral sempre tem sido a regra e a posição multilateral, a exceção. Por isso, mesmo nas revoluções da opinião, geralmente uma parte da verdade declina enquanto outra ascende. Mesmo o progresso, que deveria ser cumulativo, na maioria dos casos apenas substitui uma verdade parcial e incompleta por outra; e o aperfeiçoamento consiste sobretudo em que o novo fragmento da verdade é mais demandado, mais adaptado às necessidades da época do que aquele outro fragmento removido. Assim sendo parcial o caráter das opiniões predominantes, mesmo quando alicerçadas em bases verdadeiras, toda opinião que incorpora algo da parcela de verdade que é omitida da opinião comum deve ser considerada preciosa, qualquer que seja o grau de erro e confusão a que venha mesclada. Nenhum juiz sensato dos assuntos humanos se sentirá na obrigação de se indignar se aqueles que impõem à nossa atenção verdades que, de outra maneira, não teríamos visto deixam, eles mesmos, de enxergar algumas das verdades que nós vemos. Pelo contrário, ele pensará que, na medida em que a verdade popular é unilateral, não deixa de ser desejável que a verdade impopular também tenha defensores unilaterais, sendo eles usualmente os mais enérgicos e mais capazes de obrigar a atenção relutante a se deter no fragmento de sabedoria que anunciam como totalidade.

Assim, no século XVIII, quando praticamente todas as pessoas instruídas e todas as não instruídas por elas conduzidas se perdiam na admiração da chamada civilização e das maravilhas da ciência moderna, da literatura e da filosofia, e, embora exagerando muito a disparidade entre os homens dos tempos modernos e os dos tempos antigos, embalavam-se na crença de que toda essa diferença pendia em seu favor, com que salutar impacto os paradoxos de Rousseau explodiram entre elas como granadas, desmembrando a massa compacta da opinião unilateral e obrigando seus elementos a se recomporem numa forma melhor e com ingredientes adicionais! Não que as opiniões correntes, de modo geral, estivessem mais longe da verdade do que as de Rousseau; pelo contrário, estavam mais perto, encerravam maior grau de verdade positiva e grau muito menor de erro. Apesar disso, havia na doutrina de Rousseau, e com ela flutuou pela correnteza da opinião, um volume considerável justamente daquelas verdades de que carecia a opinião popular, e este é o sedimento que restou quando as águas baixaram. O mérito superior da vida simples, o efeito debilitante e desmoralizante das peias e hipocrisias da sociedade artificial são ideias que nunca vieram a desaparecer por completo das mentes cultas desde a época em que Rousseau escreveu; e com o tempo virão a produzir seu devido efeito, embora atualmente precisem mais do que nunca ser defendidas, e defendidas por ações, pois as palavras sobre esse assunto praticamente já esgotaram sua força.

Ademais, em política, é quase um lugar comum que um partido da ordem ou estabilidade e um partido do progresso ou reforma são, ambos, elementos necessários para a saúde da vida política, até que um ou outro amplie tanto sua percepção mental a ponto de se tornar um partido da ordem e progresso em igual medida, sabendo e distinguindo o que cabe ser preservado e o que deve ser eliminado. Esses dois modos de pensar extraem sua utilidade de suas recíprocas deficiências, mas é a oposição entre eles que, em grande medida, mantém cada qual dentro dos limites da razão e da sanidade. A menos que as opiniões favoráveis à democracia e à aristocracia, à propriedade e à igualdade, à cooperação e à concorrência, ao luxo e à abstinência, à sociabilidade e à individualidade, à liberdade e à disciplina e todos os demais antagonismos vigentes da vida prática sejam expressas com igual liberdade e sejam implantadas e defendidas com igual talento e energia, não há a menor possibilidade de que ambos obtenham o que lhes cabe; na balança, um dos pratos subirá e o outro descerá. A verdade, nos grandes temas práticos da vida, é uma questão de reconciliar e combinar os opostos e a tal ponto que são muito raros aqueles com mente suficientemente ampla e imparcial para fazer os ajustes que cheguem a uma proporção correta, e por isso é necessário o rude processo de uma luta entre adversários combatendo sob bandeiras contrárias. Em qualquer das grandes questões em aberto que acabamos de enumerar, se uma das duas opiniões tem uma pretensão mais sólida do que a outra para ser não meramente tolerada, e sim encorajada e aprovada, é aquela que, naquele momento e naquele lugar, encontra-se em minoria. É a opinião que, naquele então, representa os interesses desatendidos, o lado do bem-estar humano que corre o risco de receber menos do que lhe cabe. Estou ciente de que, neste país, não existe qualquer intolerância frente a diferenças de opinião na maioria desses tópicos. São aqui apresentados para mostrar, por meio de exemplos aceitos e variados, o fato universal de que, no atual estado do intelecto humano, é apenas com a diversidade de opiniões que existe a possibilidade de um jogo leal envolvendo todos os lados da verdade. Quando se encontram pessoas que formam exceção à aparente unanimidade do mundo sobre um assunto qualquer, mesmo que o mundo esteja certo, é sempre provável que os discordantes tenham algo a dizer que merece ser ouvido, e o silêncio deles resultaria em alguma perda para a verdade.

Pode-se objetar: "Mas *alguns* princípios vigentes, especialmente sobre os assuntos mais elevados e mais vitais, não se resumem a meias-verdades. A moral cristã, por exemplo, é a verdade integral sobre aquele assunto e, se alguém ensinar uma moral diferente, esse alguém estará totalmente errado". Como, entre todos os casos, esse é o mais importante na prática, é ele o mais adequado para testar a máxima geral. Mas, antes de enunciar o que é ou não é a moral cristã, seria desejável definir o que se entende por moral cristã. Se significa a moral do Novo Testamento, admira-me que quem deriva seu conhecimento da moral cristã a partir do próprio livro possa supor que ela foi anunciada ou concebida como uma doutrina moral completa. O Evangelho sempre se refere a uma moral previamente existente e restringe seus preceitos aos aspectos particulares em que aquela moral precisava ser corrigida ou substituída por uma moral mais ampla e mais elevada, além disso expressando-se em termos extremamente gerais, muitas vezes impossíveis de ser interpretados literalmente, e mostrando mais a eloquência da poesia ou da retórica do que a precisão da legislação. Nunca foi possível extrair do Novo Testamento um corpo de doutrina ética sem complementá-lo laboriosamente a partir do Antigo Testamento, isto é, um sistema sem dúvida bastante elaborado, mas em muitos aspectos bárbaro e destinado apenas a um povo bárbaro. São Paulo, inimigo declarado desse modo judaico de interpretar a doutrina, para complementar o projeto de seu Mestre, também supõe uma moral preexistente, qual seja, a dos gregos e romanos, e seu aconselhamento aos cristãos é, em grande medida, um sistema de acomodação a ela, a ponto de, ao que indicam as aparências, sancionar a escravidão. O que se chama de moral cristã, mas melhor seria dizer moral teológica, não foi obra de Cristo ou dos Apóstolos, mas tem origem muito posterior, tendo sido gradualmente construída pela igreja católica dos cinco séculos iniciais e, embora não seja implicitamente adotada pelos modernos e protestantes, foi muito menos modificada por eles do que se poderia esperar. De fato, eles se contentaram, em grande parte, em eliminar os acréscimos que haviam sido feitos na Idade Média, cada seita preenchendo esse lugar com novos acréscimos, adaptados à sua índole e suas tendências próprias. Que a humanidade tenha uma grande dívida para com essa moral e para com aqueles que primeiro a ensinaram, é algo que eu seria o último a negar; mas não hesito em dizer que ela é incompleta e unilateral em muitos pontos importantes e que, se várias ideias e sentimentos não sancionados por ela não tivessem contribuído para a formação da vida e do caráter europeus, os assuntos humanos estariam numa condição pior do que a de agora. A (chamada) moral cristã tem todas as características de uma reação; é, em grande parte, um protesto contra o paganismo. Seu ideal é mais negativo do que positivo, mais passivo do que ativo, mais pela Inocência do que pela Nobreza, mais pela Abstinência do Mal do que pela vigorosa Busca do Bem: em seus preceitos (como já bem se disse), o "não farás" predomina indevidamente sobre o "farás". Em seu horror à sensualidade, fez do ascetismo um ídolo que, transigindo gradualmente, converteu-se num ídolo da legalidade. Apresenta a esperança do paraíso e a ameaça do inferno como os motivos prescritos e apropriados para uma vida virtuosa, nisso caindo muito abaixo dos melhores antigos e fazendo de tudo para conferir à moral humana um caráter essencialmente egoísta, ao dissociar o senso de dever de cada um dos interesses de seus semelhantes, exceto quando lhe ofereçam algum incentivo interesseiro para consultá-los. É essencialmente uma doutrina da obediência passiva; inculca a submissão a todas as autoridades estabelecidas, às quais, de fato, não se deve obedecer ativamente quando ordenam algo que a religião proíbe, mas às quais tampouco se deve resistir e muito menos se rebelar, por mais males que nos inflijam. E, enquanto na moral das melhores nações pagãs o dever em relação ao Estado ocupa um lugar até desproporcional, infringindo a justa liberdade do indivíduo, a ética puramente cristã mal chega a notar ou a reconhecer esse grandioso setor do dever. É no Corão, não no Novo Testamento, que lemos a máxima: "Um dirigente que nomeia um homem para um cargo, quando há em seus domínios outro homem mais qualificado para ele, peca contra Deus e peca contra o Estado". Todo o parco reconhecimento que a ideia de obrigação para com o público recebe na moral moderna provém de fontes gregas e romanas, não cristãs; assim como, mesmo na moral da vida privada, tudo o que existe de magnanimidade, espírito elevado, dignidade pessoal e mesmo de senso de honra deriva não da parte religiosa, e sim da parte puramente humana de nossa educação, e jamais poderia ter brotado de um padrão ético cujo único critério digno e expressamente reconhecido é o da obediência.

Estou longe de supor que esses defeitos são necessariamente inerentes à ética cristã, sob qualquer maneira que possa ser concebida, ou que ela não possa se reconciliar com os vários requisitos de uma doutrina moral completa, que estão ausentes. E muito menos ainda eu insinuaria tal coisa a respeito das doutrinas e preceitos do próprio Cristo. Acredito que as palavras de Cristo são, até onde consigo ver, tudo aquilo que pretendiam ser; que não são irreconciliáveis com nada que uma moral abrangente possa exigir; que tudo o que há de excelente em ética pode se incluir nelas, sem maior violência à sua linguagem do que a que foi cometida por todos os que tentaram deduzir delas qualquer sistema prático de conduta. Mas é totalmente coerente acreditar também que elas encerram e pretendiam encerrar apenas uma parte da verdade; que muitos elementos essenciais da mais alta moralidade estão entre as coisas a que elas não atendem nem pretendiam atender nos discursos registrados do fundador do cristianismo e que foram totalmente deixados de lado no sistema de ética construído pela Igreja Católica sobre a base desses discursos. Sendo assim, penso que é um grande erro continuar a procurar na doutrina cristã aquele conjunto completo de regras para nos guiar, que seu autor pretendia sancionar e pôr em vigor, mas fornecendo apenas parte de seus elementos. Acredito também que essa teoria estreita está se tornando na prática um grave mal, aviltando muito o valor da formação e da instrução moral que tantas pessoas bem intencionadas agora vêm se empenhando em promover. Tenho grande receio de que, ao se tentar formar a mente e os sentimentos segundo um padrão exclusivamente religioso e ao se descartarem aqueles critérios seculares (como podem ser chamado à falta de nome melhor) que até agora coexistiram e suplementaram a ética cristã, recebendo uma parte do espírito dessa ética e infundindo-lhe uma parte do seu, resultará, e já está resultando, um tipo de caráter baixo, sórdido, servil, o qual, por mais que se submeta ao que considera ser a Vontade Suprema, é incapaz de se sensibilizar ou de se elevar à concepção da Bondade Suprema. Acredito que, para se produzir a regeneração moral da humanidade, deve existir ao lado da ética cristã outra ética que não tenha derivado de fontes exclusivamente cristãs, e que o sistema cristão não é exceção à regra de que, num estado de imperfeição da mente humana, os interesses da verdade exigem uma diversidade de opiniões. Não é necessário que, ao deixar de ignorar as verdades morais não contidas no cristianismo, os homens passem a ignorar qualquer das verdades presentes nele. Tal preconceito ou lapso, quando ocorre, é sem dúvida um mal; mas é um mal do qual não se pode esperar que estejamos sempre isentos, e deve ser visto como o preço que se paga por um bem inestimável. É preciso e necessário protestar contra a pretensão exclusivista de uma parte da verdade em ser toda a verdade; e se, por um impulso de reação, as pessoas que protestam passarem, por sua vez, a ser injustas, pode-se lamentar essa posição unilateral, tal como a outra, mas é preciso tolerá-la. Se os cristãos querem ensinar os descrentes a serem justos com o cristianismo, eles mesmos devem ser justos com a descrença. Não presta qualquer serviço à verdade fechar os olhos ao fato, conhecido por todos os que têm as mais simples noções de história literária, de que uma larga parcela dos mais nobres e valiosos ensinamentos morais foi obra não só de homens que não conheciam a fé cristã, mas de homens que a conheciam e rejeitavam.

Não afirmo que o uso mais irrestrito da liberdade de enunciar todas as opiniões possíveis iria pôr fim aos males do sectarismo religioso ou filosófico. Toda verdade que conta com o zelo de homens de capacidade estreita é sem dúvida defendida, inculcada e de muitas maneiras até usada como guia de ação, como se não existisse no mundo qualquer outra verdade ou, ao menos, qualquer verdade capaz de lhe colocar limites ou ressalvas. Reconheço que a livre discussão não sana e muitas vezes até intensifica e exacerba a tendência de todas as opiniões de se tornarem sectárias, e a verdade que se deveria ver, mas não foi vista, quando é enunciada por pessoas tidas como oponentes, recebe uma rejeição ainda mais violenta. Mas não é no partidário ardoroso, é no circunstante mais calmo e desinteressado que esse choque de opiniões provoca seu efeito salutar. O grande mal não é o conflito violento entre partes da verdade, mas sim a silenciosa eliminação de metade dela; sempre há esperanças quando as pessoas são obrigadas a ouvir os dois lados: é quando prestam atenção apenas a um dos lados que os erros se enrijecem e se tornam preconceitos, e a própria verdade deixa de ter o efeito de verdade, ao ser exagerada ao ponto de se tornar uma falsidade. E como há poucos atributos mentais mais raros do que aquela judiciosidade capaz de proceder a um julgamento inteligente entre dois lados de uma questão, estando apenas um deles representado por um advogado, a única chance que tem a verdade consiste em que cada lado seu, cada opinião que incorpore alguma fração da verdade não só tenha defensores, mas seja defendida de maneira a ser ouvida.

Assim reconhecemos a necessidade para o bem--estar mental da humanidade (do qual dependem todos os outros aspectos de seu bem-estar) da liberdade de opinião e da liberdade de expressão da opinião em quatro fundamentos distintos, que agora recapitularemos sucintamente.

Primeiro, se alguma opinião é obrigada ao silêncio, essa opinião, até onde podemos saber com certeza, pode ser verdadeira. Negá-lo é supor infalibilidade nossa.

Segundo, mesmo que seja errada, a opinião silenciada pode conter e muitas vezes contém uma parcela de verdade; e, como a opinião geral ou dominante sobre qualquer assunto raramente ou nunca é a verdade completa, é apenas pelo choque de opiniões contrárias que o restante da verdade tem alguma chance de aparecer.

Terceiro, mesmo que seja não só verdadeira, mas corresponda a toda a verdade, a opinião vigente será mantida à maneira de um preconceito, pouco se sentindo ou se compreendendo de seus fundamentos racionais, a menos que aceite ser e realmente seja objeto de séria e enérgica contestação. E não só isso, mas, em quarto lugar, o próprio significado da doutrina correrá o risco de desaparecer ou se enfraquecer e de perder seu efeito vital sobre o caráter e a conduta, tornando-se o dogma uma mera profissão de fé formal, totalmente estéril, porém entulhando o terreno e impedindo que da razão ou da experiência pessoal nasça e cresça qualquer convicção real e sincera.

Antes de deixar o tema da liberdade de opinião, cabe dar alguma atenção àqueles que dizem que se deve permitir a livre expressão de todas as opiniões, desde que se dê de maneira temperada e não ultrapasse os limites do debate leal. Haveria muito o que dizer sobre a impossibilidade de definir onde recairiam esses supostos limites; pois, se o critério for a ofensa àqueles que são atacados em suas opiniões, penso que a experiência mostra que essa ofensa surge sempre que o ataque é decidido e vigoroso, e todo opositor que os pressiona muito e a quem têm dificuldade em responder parece-lhes, caso mostre algum sentimento intenso sobre o assunto, um opositor destemperado. Mas, ainda que essa seja uma consideração importante de um ponto de vista prático, ela se dissolve numa objeção mais fundamental. Sem dúvida, o modo de expor uma opinião, por verdadeira que seja, pode ser muito censurável e incorrer a justo título em críticas severas. Mas as principais ofensas desse gênero são tais que, a menos que elas próprias se traiam acidentalmente, é quase impossível vir a condená-las. As mais graves são argumentar sofisticamente, suprimir fatos ou argumentos, distorcer os elementos do caso ou deturpar a opinião contrária. Mas tudo isso, mesmo ao grau mais extremo, é praticado com tanta frequência em plena boa fé por pessoas que não são consideradas e, sob muitos outros aspectos, talvez nem mereçam ser consideradas ignorantes ou incompetentes, que é muito raro ter bases adequadas para atribuir conscienciosamente a pecha de moralmente repreensível a tal adulteração; e menos ainda poderia a lei pretender interferir nesse tipo de controvertido desvio de conduta. Em relação ao que comumente se entende por discussão destemperada, a saber, a invectiva, o sarcasmo, o comentário pessoal injurioso e similares, a denúncia dessas armas granjearia mais simpatia se se propusesse a vetá-las igualmente a ambos os lados; mas deseja-se restringir seu uso apenas contra a opinião dominante: contra a não dominante, não só podem ser usadas sem desaprovação geral, como provavelmente trarão a quem as usa elogios pelo sincero zelo e pela virtuosa indignação. Mas, qualquer que seja o malefício resultante do uso de tais armas, o maior deles é quando são empregadas contra o lado comparativamente indefeso; e, seja qual for a vantagem desleal que uma das opiniões possa extrair dessa maneira de se afirmar, será quase exclusivamente em favor das opiniões vigentes. A pior ofensa desse gênero que se pode cometer numa polêmica é estigmatizar como mau e imoral aquele que sustenta a opinião contrária. Estão especialmente expostos a esse tipo de calúnia aqueles que sustentam uma opinião impopular, porque em geral são em pequeno número e de pouca influência e, afora eles mesmos, ninguém se sente muito interessado em que se faça justiça; mas essa arma, pela natureza do caso, é negada aos que atacam uma opinião dominante: não podem usá-la com segurança para si próprios e, mesmo que pudessem, de nada serviria a não ser para se voltar contra eles mesmos. Em geral, as opiniões contrárias às comumente aceitas só se conseguem fazer ouvir com estudada moderação da linguagem, evitando com o máximo cuidado ofensas desnecessárias, e dessa linguagem moderada não podem se desviar praticamente nunca, nem o mínimo que seja, sem perder terreno, ao passo que a vituperação imoderada empregada pelo lado da opinião dominante realmente dissuade as pessoas de professar opiniões contrárias e de ouvir os que as professam. Assim, no interesse da verdade e da justiça, é muito mais importante coibir esse emprego de uma linguagem vituperadora, e não o outro; por exemplo, se fosse necessário escolher, seria muito mais necessário desencorajar ataques ofensivos à falta de fé do que à religião. Porém, é óbvio que não cabe à lei e à autoridade coibir nenhum dos dois, e a opinião deve chegar a seu veredito, em todas as instâncias, de acordo com as circunstâncias de cada caso individual, condenando todo aquele, seja qual for seu lado no debate, cujo modo de advogar manifeste insinceridade, malignidade, fanatismo ou sentimento de intolerância, mas sem inferir que tais vícios decorram do lado adotado pela pessoa, mesmo que seja o lado da questão contrário ao nosso, e concedendo a merecida honra a todo aquele que, seja qual for a opinião que sustente, tem serenidade para ver e honestidade para apresentar o que seus adversários e suas opiniões realmente são, sem exagerar coisa alguma em descrédito deles e sem omitir coisa alguma que fale, ou se possa supor que fale, em favor deles. Essa é a real moralidade do debate público: e se é violada com muita frequência, fico feliz em pensar que há muitos debatedores que a observam em grande medida e um número ainda maior que se empenha conscienciosamente nesse rumo.

Capítulo III

Da individualidade como um dos elementos do bem-estar

Tais sendo as razões que tornam imperativo que os seres humanos sejam livres para formar opiniões e expressá-las sem reservas; e tais sendo as consequências nefastas para a natureza intelectual e, por meio dela, para a natureza moral do homem, a menos que se conceda tal liberdade ou se a defenda a despeito das proibições, examinemos a seguir se essas mesmas razões não exigem que os homens sejam livres para agir com base em suas opiniões – para adotá-las em suas vidas, sem impedimento físico ou moral por parte de seus semelhantes, desde que seja por conta e risco próprio. Essa última condição é, evidentemente, indispensável. Ninguém pretende que as ações sejam livres como as opiniões. Pelo contrário, até as opiniões perdem sua imunidade quando são expressas em circunstâncias tais que convertem essa sua expressão em franca instigação a alguma ação perniciosa. A opinião de que os comerciantes de trigo matam os pobres de fome ou que a propriedade privada é um roubo deve se manter intocada, sem ser molestada, quando é simplesmente divulgada pela imprensa, mas pode a justo título incorrer em punição quando exposta oralmente a uma turba exaltada, reunida diante do estabelecimento de um cerealista, ou divulgada entre a mesma turba por meio de um cartaz. Ações de qualquer espécie que, sem causa justificável, causem dano a terceiros podem e, nos casos mais importantes, absolutamente devem ser controladas pelos sentimentos contrários e, quando necessário, pela interferência ativa da humanidade. É até este ponto que se deve limitar a liberdade do indivíduo; ele não pode se tornar um incômodo para os outros. Mas, se o indivíduo se abstém de molestar os outros no que lhes concerne e age meramente de acordo com sua inclinação e seu julgamento em coisas que concernem a si próprio, as mesmas razões mostrando que a opinião deve ser livre demonstram também que lhe deve ser permitido pôr suas opiniões em prática, por conta própria, sem ser molestado. Que a humanidade não é infalível; que suas verdades, na maioria, são apenas meias-verdades; que não é desejável uma opinião unitária, a menos que resulte do mais livre e mais completo confronto com opiniões contrárias, e que a diversidade, enquanto a humanidade não for muito mais capaz do que hoje de reconhecer todos os lados da verdade, é um bem e não um mal: todos esses são princípios aplicáveis não só às opiniões, mas igualmente aos modos de ação dos homens. Assim como é útil que existam diversas opiniões enquanto a humanidade é imperfeita, da mesma forma devem existir diversas experiências de vida; deve-se dar livre campo às diferenças de caráter, desde que não prejudiquem terceiros, e se deve provar na prática o valor de diversos modos de vida, se a pessoa julgar conveniente experimentá-los. Em suma, é desejável que, em coisas que não concernem primariamente a outrem, a individualidade possa se afirmar. Onde não é o caráter da pessoa e sim as tradições ou costumes de outras pessoas que constituem a regra de conduta, falta um dos principais ingredientes da felicidade humana e o ingrediente fundamental do progresso individual e social.

Mantendo esse princípio, a maior dificuldade que se encontra não consiste em avaliar os meios para um determinado fim; consiste na indiferença das pessoas em geral ao próprio fim em si. Se se sentisse que o livre desenvolvimento da individualidade é um dos elementos essenciais do bem-estar; que não é apenas um elemento que vem coordenado com tudo o que se designa com os termos civilização, instrução, educação, cultura, mas é em si mesmo parte e condição necessária de todas essas coisas, não haveria o risco de se subestimar a liberdade e o ajuste dos limites entre elas, e o controle social não apresentaria qualquer dificuldade excepcional. Mas o problema é que os modos comuns de pensar dificilmente reconhecem que a espontaneidade individual tenha qualquer valor intrínseco ou que mereça por si só qualquer apreço. Estando as pessoas satisfeitas, em sua maioria, com os modos da humanidade tais como são agora (pois são eles que as fazem como elas são), não conseguem compreender por que tais modos não hão de ser suficientemente bons para todos; e, ademais, a espontaneidade não faz parte do ideal da maioria dos reformadores morais e sociais, sendo antes vista com suspeita, como um obstáculo incômodo e talvez rebelde à aceitação geral daquilo que esses reformadores, em seu juízo pessoal, pensam ser o melhor para a humanidade. Raros são, fora da Alemanha, aqueles que sequer captam o significado da doutrina que Wilhelm von Humboldt, tão eminente como *savant* e como político, apresentou no texto de um tratado – que "o fim do homem, ou o que é prescrito pelos ditames eternos ou imutáveis da razão, e não sugerido por desejos vagos e passageiros, é o desenvolvimento mais alto e mais harmonioso de seus poderes para formar uma totalidade completa e coerente"; que, portanto, o objetivo "para o qual todo ser humano deve dirigir incessantemente seus esforços, e do qual não devem desviar os olhos especialmente aqueles que pretendem influenciar seus semelhantes, é a individualidade do poder e do desenvolvimento"; que há para isso dois requisitos, "a liberdade e a variedade de situações"; e que da união delas nascem "o vigor individual e a múltipla diversidade", que se combinam na "originalidade".

Mas, por menos que as pessoas estejam acostumadas a uma doutrina como a de Von Humboldt, e por surpreendente que lhes possa parecer que se atribua um valor tão elevado à individualidade, ainda assim é forçoso pensar que só se pode tratar de uma questão de grau. Ninguém pensa que a excelência de conduta consista em que as pessoas não façam absolutamente nada a não ser copiarem umas às outras. Ninguém afirmaria que as pessoas, em seu modo de vida e na condução de seus interesses, não devem colocar absolutamente qualquer marca de seu julgamento ou de seu caráter individual. Por outro lado, seria absurdo pretender que as pessoas devam viver como se não se conhecessem absolutamente nada no mundo antes de nascer; como se a experiência ainda nada tivesse feito para mostrar que um determinado modo de vida ou de conduta é preferível a outro. Ninguém nega que as pessoas devam receber ensino e formação na juventude, a fim de conhecer e se beneficiar dos resultados comprovados da experiência humana. Mas o privilégio e a condição própria de um ser humano, chegado à maturidade de suas faculdades, é usar e interpretar a experiência à sua própria maneira. Cabe a ele descobrir qual parte da experiência acumulada nos anais se aplica a suas circunstâncias e a seu caráter. As tradições e os costumes de outras pessoas, em certa medida, dão prova do que a experiência ensinou *a elas*; é uma prova presumida e, como tal, tem direito a ser examinada; mas, em primeiro lugar, a experiência delas pode ser demasiado restrita, ou talvez não a tenham interpretado corretamente. Em segundo lugar, a interpretação que elas fazem de sua experiência pode ser correta, mas incompatível com ele. Os costumes são criados para circunstâncias costumeiras e caráteres costumeiros; as circunstâncias ou o caráter dele podem ser não costumeiros. Em terceiro lugar, mesmo que os costumes possam ser bons como costumes e com ele compatíveis, a conformidade com o costume, meramente *enquanto* costume, não educa nem desenvolve nele qualquer qualidade que constitui o dote próprio de um ser humano. As faculdades humanas de percepção, julgamento, discernimento, atividade mental e mesmo preferência moral só são exercidas mediante uma escolha. Quem faz alguma coisa por ser esse o costume não faz uma escolha. Não ganha qualquer prática em discernir ou desejar o que é melhor. Os poderes mentais e morais, tal como a força dos músculos, só se aperfeiçoam com o uso. Não se chamam as faculdades a qualquer exercício quando se faz alguma coisa somente porque outros a fazem, ou quando se acredita em alguma coisa apenas porque outros acreditam nela. Se as bases de uma opinião não são conclusivas para a razão da própria pessoa, mas mesmo assim ela a adotar, sua razão não se fortalecerá, mas mais provavelmente se debilitará: e se o que a induz a agir não é consentâneo com seu caráter e seus sentimentos (quando não envolvam a afeição ou os direitos de terceiros), muito contribui para lhe tornar o caráter e os sentimentos inertes e apáticos, em vez de ativos e vigorosos.

Aquele que permite que o mundo, ou sua parte do mundo, escolha para si seu projeto de vida não precisa de qualquer outra faculdade a não ser a da imitação, como os símios. Aquele que escolhe seu projeto por si mesmo emprega todas as suas faculdades. Precisa usar a observação para ver, o raciocínio e o julgamento para antever, a atividade para reunir materiais para a decisão, o discernimento para decidir e, depois de decidir, a firmeza e autocontrole para manter a decisão deliberada que tomou. E tais qualidades o indivíduo mobiliza e exercita em grau diretamente proporcional às dimensões daquela parte de sua conduta, a qual ele determina segundo seu próprio julgamento e seus próprios sentimentos. Pode acontecer que o guiem por algum bom caminho e ele se mantenha afastado da trilha nociva sem nenhuma dessas coisas. Mas, em termos comparativos, qual será seu valor como ser humano? É realmente importante não só o que os homens fazem, mas também que espécie de homens são eles. Entre as obras do homem, que a vida humana se dedica devidamente a aperfeiçoar e embelezar, a primeira em importância é, sem dúvida, o próprio homem. Supondo que fosse possível ter máquinas – autômatos humanos – que construíssem as casas, cultivassem o trigo, travassem as batalhas, julgassem os processos e até erguessem as igrejas e rezassem as orações, seria uma grande perda trocar por tais autômatos até mesmo os homens e as mulheres que hoje habitam as partes mais civilizadas do mundo e que seguramente são espécimes mirrados daquilo que a natureza pode produzir e produzirá. A natureza humana não é uma máquina que se constrói seguindo um modelo e faz exatamente o trabalho que lhe é prescrito, e sim uma árvore, que precisa crescer e se desenvolver em todos os lados, de acordo com a tendência das forças internas que a fazem uma coisa viva.

Provavelmente há de se conceder que é desejável que as pessoas exerçam seu entendimento e que uma obediência inteligente ao costume ou mesmo, ocasionalmente, um desvio inteligente do costume é melhor do que uma adesão cega e simplesmente mecânica. Em certa medida admite-se que nosso entendimento deve ser nosso mesmo: mas não se vê igual disposição em admitir que nossos desejos e impulsos também devam ser nossos mesmos, ou que nossos impulsos próprios, da intensidade que sejam, possam ser mais do que mero perigo e cilada. No entanto, os desejos e os impulsos fazem parte de um ser humano perfeito, tanto quanto as crenças e as coibições: impulsos fortes só são perigosos quando não são devidamente contrabalançados; quando um conjunto de metas e inclinações ganha força ao passo que outros, que devem coexistir com ele, se mantêm fracos e inativos. Os homens agem mal não porque seus desejos são fortes, e sim porque suas consciências são fracas. Não existe nenhuma ligação natural entre impulsos fortes e consciência fraca. A ligação natural é a inversa. Dizer que os desejos e sentimentos de alguém são mais fortes e mais variados do que os de outro alguém é meramente dizer que a pessoa tem em si mais da matéria-prima da natureza humana e, portanto, é capaz talvez de mais mal, mas certamente de mais bem. Impulso forte é apenas sinônimo de energia. A energia pode ser empregada para maus fins; mas uma natureza cheia de energia sempre poderá fazer mais bem do que uma natureza indolente e impassível. Aqueles que têm mais sentimento natural são sempre aqueles cujos sentimentos cultivados poderão ser os mais fortes. As mesmas suscetibilidades fortes que dão vigor e vivacidade aos impulsos pessoais são também a fonte de onde nascem o mais ardente amor pela virtude e o mais firme autocontrole. É ao cultivá-las que a sociedade cumpre seu dever e protege seus interesses, e não ao rejeitar a matéria de que são feitos os heróis, por não saber como fazê-los. Quando uma pessoa tem desejos e impulsos próprios – expressões de sua natureza que foram desenvolvidas e modificadas por seu cultivo pessoal –, diz-se que ela tem caráter. Uma pessoa cujos desejos e impulsos não são seus não tem caráter, assim como uma máquina a vapor é destituída de caráter. Se, além de serem próprios, seus impulsos são fortes e estão sob o domínio de uma vontade forte, a pessoa tem um caráter enérgico. Quem pensa que não se deve incentivar o desenvolvimento da individualidade dos desejos e impulsos há de sustentar também que a sociedade não precisa de naturezas fortes – não é bom ter muitas pessoas que tenham muito caráter – e que não é desejável uma média geral elevada de energia.

Em alguns estágios iniciais da sociedade, essas forças podiam ultrapassar e ultrapassavam em muito o poder de que então a sociedade dispunha para discipliná-las e controlá-las. Houve uma época em que o elemento de espontaneidade e individualidade era excessivo e o princípio social travou uma luta acirrada contra ele. A dificuldade então era induzir os homens de corpo ou mente forte a prestar obediência a qualquer regra que lhes exigisse controlar os impulsos. Para vencer essa dificuldade, a lei e a disciplina, como os papas lutando contra os imperadores, instauraram um poder sobre o homem como um todo, alegando que controlavam toda a sua vida a fim de controlar seu caráter – que a sociedade não encontrara qualquer outro meio suficiente de refrear. Mas agora a sociedade prevalece sobre a individualidade; e o perigo que ameaça a natureza humana não é o excesso, e sim a deficiência de impulsos e preferências pessoais. As coisas mudaram imensamente desde que as paixões daqueles que eram fortes por posição ou dote pessoal viviam num estado habitual de rebelião contra as leis e os regulamentos e precisavam ser rigorosamente submetidos para permitir que as pessoas ao seu redor gozassem de alguma ínfima parcela de segurança. Em nossos tempos, da classe mais alta à mais baixa da sociedade, todos vivem como que sob os olhos de uma censura hostil e temida. Não só no que se refere aos outros, mas também no que se refere apenas a si mesmo, o indivíduo ou a família não se pergunta: "O que eu prefiro? O que se adequa a meu caráter e disposição? O que permitiria que o que há de melhor e mais elevado em mim tenha justo espaço possibilitando-lhe crescer e prosperar?". O que perguntam é: "O que é adequado à minha posição? O que normalmente fazem as pessoas de minha posição e em minhas condições financeiras?". Ou, ainda pior: "O que normalmente fazem as pessoas de posição e condições superiores às minhas?". Não digo que escolham o costumeiro em vez de preferir o que condiz com suas inclinações. Simplesmente não lhes ocorre ter qualquer inclinação, a não ser pelo que é costumeiro. Assim a mente se dobra ao jugo: mesmo no que as pessoas fazem por prazer, a conformidade é a primeira coisa em que pensam; gostam de multidões; exercem a escolha apenas entre coisas comumente feitas: evita-se a peculiaridade do gosto, a excentricidade da conduta como se fossem crimes; até que, à força de não seguirem sua natureza, não têm mais natureza a seguir: suas capacidades humanas murcham e definham; tornam-se incapazes de qualquer desejo forte ou de prazer natural, e geralmente são despidas de qualquer opinião ou sentimento cultivado em solo próprio ou que seja propriamente seu. Ora, é essa a condição desejável da natureza humana?

Segundo a teoria calvinista, é. De acordo com ela, a única grande transgressão do homem é a vontade própria. Todo o bem de que a humanidade é capaz está contido na obediência. Não tens escolha; é assim que deves fazer, não de outra maneira: "o que não é dever é pecado". Sendo a natureza humana radicalmente corrupta, não há redenção para ninguém enquanto não se matar a natureza humana dentro de si. Para quem sustenta essa teoria da vida, não há mal em esmagar qualquer das faculdades, capacidades e suscetibilidades humanas: a única capacidade de que o homem precisa é a de se render à vontade de Deus e, se ele usar alguma de suas faculdades para qualquer outra finalidade que não seja a de cumprir aquela suposta vontade com maior eficiência, melhor passar sem elas. Essa é a teoria do calvinismo; e é defendida numa forma mais branda por muitos que não se consideram calvinistas, consistindo o abrandamento em dar uma interpretação menos ascética à alegada vontade de Deus, afirmando que é vontade Sua que a humanidade satisfaça algumas de suas inclinações, não, evidentemente, da maneira como os próprios seres humanos preferem, mas por obediência, isto é, da maneira como lhes prescreve a autoridade e, portanto, necessariamente da mesma maneira para todos.

Atualmente existe, sob alguma forma insidiosa como essa acima, uma forte propensão a essa estreita teoria da vida e ao tipo de caráter humano reduzido e tacanho que ela preconiza. Muitos, sem dúvida, pensam sinceramente que esses seres humanos tão tolhidos e ananicados são como seu Criador pretendia que fossem, assim como muitos pensam que as árvores ficam muito melhor de ramos cortados ou podadas em figuras de animais do que na forma como foram criadas pela natureza. Mas, se a religião concede algum espaço à crença de que o homem foi criado por um Ser bom, seria mais coerente com essa crença acreditar também que esse Ser concedeu todas as faculdades humanas para que pudessem ser não extirpadas e destruídas, e sim cultivadas e desenvolvidas, e que Lhe apraz cada passo de suas criaturas rumo à concepção ideal nelas encarnada, cada aumento em qualquer de suas capacidades de compreensão, de ação ou de fruição. Existe um tipo de excelência humana diferente da calvinista, um conceito de humanidade segundo o qual a natureza desta lhe foi concedida para outras finalidades que não a da mera renúncia a ela. Tal como a "negação cristã de si", a "afirmação pagã de si" é um dos elementos do valor humano. Existe um ideal grego de desenvolvimento pessoal, ao qual se mescla o ideal platônico e cristão do governo de si mesmo, mas sem o substituir. Talvez seja melhor ser um John Knox do que um Alcibíades, mas é melhor ser um Péricles do que qualquer um dos dois; e, se hoje tivéssemos um Péricles, não lhe faltaria qualquer das boas qualidades que pertenciam a John Knox.

Não é reduzindo à uniformidade tudo o que há de individual nos seres humanos, mas sim cultivando e incentivando, dentro dos limites impostos pelos direitos e interesses dos outros, que a humanidade se torna um nobre e belo objeto de contemplação; e assim como as obras partilham do caráter de quem as faz, pelo mesmo processo a vida humana também se enriquece, se diversifica e se vivifica, fornecendo alimento mais abundante a altos pensamentos e a sentimentos que elevam, e fortalecendo o laço que une cada indivíduo à espécie, ao torná-la infinitamente mais digna de a ela pertencer. É na proporção do desenvolvimento de sua individualidade que cada pessoa se torna mais valiosa para si mesma e, portanto, capaz de ser mais valiosa para os outros. Há maior plenitude de vida em sua existência própria; quando há mais vida nas unidades, há mais vida na massa composta por elas. Não se pode dispensar aquela dose de compressão necessária para impedir que os espécimes mais fortes da natureza humana invadam os direitos dos outros; mas isso é amplamente compensado, mesmo do ponto de vista do desenvolvimento humano. Os meios de desenvolvimento que o indivíduo perde ao ser impedido de satisfazer suas inclinações em detrimento dos outros são obtidos principalmente às custas do desenvolvimento de outras pessoas. E até para ele mesmo isso é plenamente compensado com um maior desenvolvimento da parte social de sua natureza, o qual se torna possível graças à coibição imposta à parte egoísta. A sujeição a rígidas regras de justiça em consideração ao outro desenvolve os sentimentos e as capacidades que têm como objeto o bem alheio. Porém, a coibição em coisas que não afetam o bem dos demais, mas apenas lhes causam desprazer, nada desenvolve de valioso, a não ser a força de caráter que se pode revelar quando o indivíduo resiste à coibição. Aquiescendo-se à coibição, ela embota e entorpece toda a natureza. Para dar algum justo espaço à natureza de cada um, é essencial permitir que pessoas diferentes levem vidas diferentes. É na proporção em que se pratique tal largueza em qualquer época que essa época ganhará maior ou menor notabilidade diante da posteridade. Enquanto subsiste a individualidade, nem mesmo o despotismo produz seus piores efeitos; e qualquer coisa que esmague a individualidade, seja qual for o nome que lhe deem, é despotismo, quer alegue estar executando a vontade de Deus ou as injunções dos homens.

Tendo dito que individualidade equivale a desenvolvimento e que apenas o cultivo da individualidade produz ou pode produzir seres humanos bem desenvolvidos, aqui posso encerrar a argumentação: pois o que mais ou de melhor se pode dizer de qualquer condição dos assuntos humanos, senão que ela aproxima mais os seres humanos da melhor coisa que eles podem ser? Ou o que de pior se pode dizer de qualquer obstáculo ao bem, senão que ele o impede? Mas, sem dúvida, tais considerações não bastarão para convencer os que mais precisam ser convencidos; e é necessário mostrar que esses seres humanos desenvolvidos são de alguma valia para os não desenvolvidos – mostrar aos que não desejam a liberdade e dela não se valeriam que eles podem ser recompensando de alguma maneira inteligível por permitirem que outros a utilizem sem impedimentos.

Assim, em primeiro lugar, eu sugeriria que eles poderiam aprender alguma coisa com tais pessoas. Ninguém há de negar que a originalidade é um elemento valioso nos assuntos humanos. Sempre há necessidade de pessoas, não só para que descubram novas verdades e mostrem quando as verdades de outrora já não são mais verdadeiras, mas também para que iniciem novas práticas e deem o exemplo de uma conduta mais esclarecida e de um melhor gosto e de uma maior sensibilidade na vida humana. Ninguém, entre os que não acreditam que o mundo já atingiu a perfeição em todos os seus usos e costumes, conseguiria contestar com êxito essa afirmação. É verdade que nem todos são igualmente capazes de prestar tal benefício: são poucas as pessoas, em comparação ao conjunto da humanidade, cujas experiências, ao serem adotadas por outros, poderiam resultar em algum aperfeiçoamento na prática estabelecida. Mas esses poucos são o sal da terra; sem eles, a vida humana se tornaria uma poça estagnada. Não só são eles que introduzem boas coisas que não existiam antes como são eles que mantêm a vitalidade das já existentes. Se não houvesse nada de novo a fazer, o intelecto humano deixaria de ser necessário? Seria razão para que os que fazem coisas antigas esquecessem por que são feitas e as fizessem como gado, não como seres humanos? Há nas melhores crenças e práticas uma excessiva propensão a degenerar em atos mecânicos; e se não existisse uma sucessão de pessoas cuja originalidade sempre recorrente impedisse que os fundamentos dessas crenças e práticas se tornassem meramente tradicionais, essa matéria morta não resistiria ao menor impacto de qualquer coisa realmente viva e não haveria razão para que a civilização não perecesse, como o Império Bizantino. As pessoas de gênio, é verdade, são e provavelmente sempre serão uma pequena minoria; mas, para que existam, é necessário preservar o solo onde crescem. O gênio só pode respirar livremente numa *atmosfera de liberdade*. As pessoas de gênio são, *ex vi termini* [por definição], *mais* individuais do que quaisquer outras – menos capazes, por conseguinte, de caber sem penosa compressão dentro de algum daqueles pequenos moldes que a sociedade fornece a fim de poupar a seus membros o trabalho de formarem seu próprio caráter. Se, por timidez, consentem ser introduzidas à força num desses moldes e deixam que permaneça comprimida toda aquela parte de si mesmas que não pode se expandir sob a pressão, a sociedade pouco aproveitará do gênio delas. Se são de caráter forte e rompem os grilhões, tornam-se um alvo para a sociedade que não conseguiu reduzi-las ao lugar comum e serão apontadas em solene advertência como "selvagens", "excêntricas" e coisas assim, como se se devesse deplorar que o Niágara não corre suavemente entre suas margens como um canal holandês.

Assim, insisto enfaticamente na importância do gênio e na necessidade de lhe permitir que se desenvolva livremente no pensamento e na prática, estando eu muito ciente de que ninguém negará essa posição na teoria, mas sabendo também que quase todos, na realidade, são totalmente indiferentes a ela. As pessoas consideram o gênio uma coisa ótima se é algo que habilita um indivíduo a escrever um poema comovente ou a pintar um quadro. Mas, em seu verdadeiro sentido, o de originalidade do pensamento e da ação, embora ninguém diga que não mereça admiração, praticamente todos, no fundo, pensam que podem passar muito bem sem ele. Infelizmente, isso é natural demais para causar surpresa. A originalidade é a única coisa cuja utilidade as mentes não originais não conseguem sentir. Não conseguem ver do que lhes serve: e como conseguiriam? Se conseguissem ver o que ela pode fazer por eles, não seria originalidade. O primeiro serviço que a originalidade tem de lhes prestar é o de lhes abrir os olhos: uma vez feito isso, esses indivíduos teriam alguma chance de ser eles mesmos originais. Nesse meio tempo, lembrando que, em tudo o que se faz, sempre houve alguém que foi o primeiro a fazer, e que todas as coisas boas que existem são frutos da originalidade, que então tenham modéstia suficiente para acreditar que ainda existe algo a ser realizado e se compenetrem de que tanto mais precisam da originalidade quanto menos se dão conta dessa necessidade.

A bem da verdade, e a despeito de qualquer homenagem que se possa declarar ou mesmo prestar à real ou suposta superioridade mental, a tendência geral das coisas em todo o mundo é fazer da mediocridade o poder dominante entre a humanidade. Na história antiga, na Idade Média e, em grau decrescente, durante a longa transição do feudalismo até os tempos atuais, o indivíduo era um poder em si; e, se tivesse grandes talentos ou alta posição social, era um poder considerável. No presente, os indivíduos se perdem na multidão. Na política, é quase uma trivialidade dizer que agora é a opinião pública que governa o mundo. O único poder que merece esse nome é o das massas e dos governos que se fazem veículo das tendências e dos instintos das massas. Isso vale tanto nas relações morais e sociais da vida privada quanto nas atividades públicas. Aqueles cujas opiniões atendem pelo nome de opinião pública nem sempre correspondem à mesma espécie de público: nos Estados Unidos, correspondem a toda a população branca; na Inglaterra, à classe média, principalmente. Mas são sempre massas, isto é, uma mediocridade coletiva. E, o que é uma novidade ainda maior, as massas não tomam suas opiniões dos dignitários da Igreja ou do Estado, dos líderes aparentes ou aos livros. O pensamento delas é feito expressamente para elas por homens muito parecidos com elas mesmas, que se dirigem a elas ou falam em seu nome, no impulso do momento, por meio da imprensa. Não estou reclamando de nada disso. Não afirmo que exista algo melhor que, como regra geral, seja compatível com o baixo nível atual da mente humana. Mas isso não impede que o governo da mediocridade seja um governo medíocre. Nenhum governo exercido por uma democracia ou por uma aristocracia numerosa, seja em seus atos políticos ou nas opiniões, qualidades e timbre mental que ele promove, jamais se ergueu ou conseguiu se erguer acima da mediocridade, exceto quando a Maioria soberana se deixou guiar (o que ela sempre fez em seus melhores tempos) pelos conselhos e influência de Um ou de uma Minoria mais altamente dotada e instruída. A inauguração de todas as coisas sábias ou nobres provém e deve provir dos indivíduos; geralmente, no princípio, de apenas um indivíduo. A honra e glória do homem médio é a de ser capaz de seguir aquela iniciativa, de poder responder internamente a coisas sábias e nobres e ir até elas de olhos abertos. Não estou defendendo o tipo de "culto ao herói" que aplaude o robusto homem de gênio por tomar à força o governo do mundo e curvá-lo a suas ordens. A única coisa que ele pode reivindicar é a liberdade de apontar o caminho. O poder de obrigar os outros a adotá-lo não só é incompatível com a liberdade e o desenvolvimento de todos os demais, mas também corrompe o próprio forte. Mas de fato parece que, quando as opiniões das massas de homens meramente medianos se tornaram ou estão se tornando por toda parte o poder dominante, o contrapeso e corretivo a essa tendência seria a individualidade cada vez mais pronunciada daqueles que ocupam as alturas mais elevadas do pensamento. É especialmente nessas circunstâncias que os indivíduos excepcionais, em vez de serem refreados, deveriam ser incentivados a agir de modo diferente das massas. Em outros tempos, não havia vantagem nesse procedimento, a não ser que, além de agirem de modo diferente, também agissem melhor. Em nossa época, o mero exemplo de inconformidade, a mera recusa de render vênia ao costume já é um serviço por si só. Exatamente porque a tirania da opinião é tal que faz da excentricidade motivo de censura, é desejável, a fim de romper essa tirania, que as pessoas sejam excêntricas. A excentricidade sempre é abundante onde e quando é abundante a força de caráter; e o grau de excentricidade numa sociedade é geralmente proporcional ao grau de genialidade, vigor mental e coragem moral nela presentes. Que hoje tão poucos ousem ser excêntricos indica o principal perigo de nossos tempos.

Afirmei que é importante oferecer o campo mais livre possível a coisas não costumeiras a fim de que, com o tempo, se possam patentear quais delas se prestam a se converter em costume. Mas a independência de ação e o desprezo pelos costumes merecem incentivo não só pela chance de assim chegarmos a melhores modos de ação e a costumes mais dignos de adoção geral; e tampouco são apenas as pessoas de nítida superioridade mental que têm justo título a levar sua vida como lhes aprouver. Não há qualquer razão para que toda a existência humana deva ser construída seguindo apenas um ou alguns poucos modelos. Se uma pessoa tem um grau minimamente passável de bom senso e experiência, seu modo próprio de dispor sua existência é o melhor, não porque seja o melhor em si mesmo, mas porque é seu modo próprio. Os seres humanos não são carneiros, e nem mesmo os carneiros são indistintamente iguais. Um homem não consegue um casaco ou um par de botas que lhe sirvam, a menos que tenham sido feitos sob medida ou que ele disponha de um vasto sortimento onde possa escolher: e será mais fácil provê-lo de uma vida do que de um casaco, ou serão os seres humanos mais parecidos entre si em toda a sua conformação física e espiritual do que no feitio dos pés? Mesmo que se tratasse apenas de diferenças de gosto, já seria razão suficiente para não tentar moldar todos pela mesma forma. Mas pessoas diferentes também exigem condições diferentes para seu desenvolvimento espiritual e, assim como a imensa variedade de plantas não pode existir de maneira saudável no mesmo ar e clima físico, tampouco as pessoas crescem sadiamente no mesmo ar e clima moral. As mesmas coisas que servem de auxílio a uma pessoa para cultivar sua natureza mais elevada são obstáculos para outra. O mesmo modo de vida que é um estímulo saudável para uma, mantendo em plena forma todas as suas faculdades de ação e fruição, para outra é um fardo incômodo, que anula ou esmaga toda a vida interior. As diferenças entre os seres humanos em suas fontes de prazer, em suas sensibilidades à dor e em suas reações às diferentes ações físicas e morais sobre si são tais que, a menos que haja uma diversidade correspondente em seus modos de vida, não obtêm sua justa parcela de felicidade nem alcançam a estatura mental, moral e estética de que sua natureza é capaz. Por que então a tolerância por parte do sentimento público se estende apenas aos gostos e modos de vida que têm a concordância da multidão de seus adeptos? Em nenhum lugar, exceto em algumas instituições monásticas, descarta-se totalmente a diversidade do gosto; a pessoa pode gostar ou desgostar de remar, de fumar, de ouvir música, de praticar exercícios físicos, de jogar xadrez ou baralho, de estudar, sem sofrer qualquer repreensão, porque a quantidade tanto dos que gostam quanto dos que desgostam de tais coisas é grande demais para ser reprimida. Mas os homens e ainda mais as mulheres passíveis de censura por fazerem "o que ninguém faz" ou de não fazerem "o que todo mundo faz" estão sujeitos a muitos comentários depreciativos, como se estivessem cometendo algum grande delito moral. As pessoas precisam de um título ou de algum outro símbolo de alta posição, ou que goze da consideração de gente em alta posição, para que se permitam em certa medida o luxo de fazer o que querem sem decair no respeito alheio. "Para que se permitam em certa medida", repito: pois aqueles que se permitem em larga medida tal luxo arriscam-se a coisas piores do que comentários depreciativos – correm o perigo de ser submetidos a uma avaliação de insanidade mental e ter seus bens tomados e entregues aos parentes.*

O rumo atual da opinião pública apresenta uma característica especialmente calculada que a torna intolerante a qualquer manifestação acentuada de individualidade. A média geral da humanidade é moderada não só no intelecto, mas também nas inclinações: as pessoas não têm gostos ou desejos fortes o suficiente para levá-las a fazer algo inusitado e, consequentemente, não entendem

---

* Há algo de desprezível e ao mesmo tempo assustador no tipo de prova que, nos últimos anos, tem servido para declarar judicialmente que uma pessoa é incapaz de administrar seus negócios; e, depois de sua morte, seus bens podem ser declarados indisponíveis, se forem suficientes para pagar as despesas processuais, que são cobradas sobre esses mesmos bens. Todos os pequenos detalhes de sua vida cotidiana são esquadrinhados e qualquer coisa que, vista pelas lentes da capacidade de percepção e descrição dos mais vulgares dentre os vulgares, tenha algum traço diferente do mais absoluto lugar comum, é apresentada ao júri como prova de insanidade, muitas vezes com êxito, visto que os jurados são tão ou quase tão baixos e ignorantes quanto as testemunhas, enquanto os juízes, com aquela extraordinária falta de conhecimento da natureza e vida humana que nunca deixa de nos assombrar nos advogados ingleses, muitas vezes ajudam a confundi-los ainda mais. Esses julgamentos dizem tudo sobre o estado do sentimento e da opinião entre o vulgo, no que se refere à liberdade humana. Juízes e jurados estão tão longe de dar qualquer valor à individualidade – tão longe de respeitar o direito de cada um em agir, nas coisas indiferentes, como bem parecer a suas inclinações e à sua capacidade de julgamento – que não conseguem sequer conceber que uma pessoa mentalmente sã possa desejar tal liberdade. Em tempos de outrora, diante da proposta de se queimarem os ateus, os caritativos costumavam sugerir, como alternativa, interná-los num manicômio: hoje em dia, não seria surpresa se se adotasse tal sugestão, e veríamos os propositores aplaudindo a si mesmos, pois, em vez de perseguirem por razões religiosas, teriam adotado uma maneira muito cristã e humanitária de tratar esses infelizes, não sem uma secreta satisfação por terem assim obtido o merecido.

aqueles que os têm; classificam-nos entre os extravagantes e intemperantes que costumam desprezar. Ora, além desse fato, que é geral, basta supormos o início de um forte movimento pelo aprimoramento moral e logo fica evidente o que podemos esperar. Nos dias de hoje, tal movimento está em andamento; de fato, muito se tem feito para uma maior regularidade de conduta e desencorajamento dos excessos; e por toda parte há um espírito filantrópico que encontra o terreno mais propício para sua prática no aprimoramento moral e prudencial de nossos semelhantes. Essas tendências dos tempos fazem com que o público tenha uma disposição muito maior do que antes em prescrever regras gerais de conduta e se empenhar para que todos se conformem ao padrão aprovado. E esse padrão, explícito ou tácito, consiste em não desejar nada intensamente. Seu caráter ideal é não ter nenhum caráter marcado; é mutilar à força de comprimir, como os pés das mulheres chinesas, todas as partes da natureza humana que se ressaltem acentuadamente e tendam a imprimir na pessoa um perfil marcadamente distinto do lugar comum da humanidade.

Como ocorre usualmente com os ideais que excluem metade do que é desejável, o atual padrão de aprovação gera apenas uma réplica inferior da outra metade. Em vez de grandes energias guiadas por uma razão vigorosa, em vez de sentimentos fortes firmemente controlados por uma vontade consciente, o resultado são sentimentos fracos e energias débeis, que, assim, podem se manter exteriormente conformes à regra, sem qualquer força, seja da vontade ou da razão. Aliás, os caráteres com qualquer vigor em grande escala já estão se tornando meramente tradicionais. Não existe praticamente nenhuma forma de vazão para a energia em nosso país, exceto os negócios. A energia que se dispende nos negócios ainda pode ser considerada bastante grande. O pouco que resta, após essa utilização, é gasto em algum passatempo, o qual pode ser útil e até filantrópico, mas é sempre apenas uma coisa só, e geralmente de pouca envergadura. A grandeza da Inglaterra agora é inteiramente coletiva: individualmente pequenos, se parecemos capazes de algo grande, é apenas por causa de nosso hábito associativo, e com isso nossos filantropos morais e religiosos se dão por plenamente satisfeitos. Mas foram homens de outra têmpera que fizeram da Inglaterra o que ela é; e serão homens de outra têmpera que serão necessários para impedir seu declínio.

  O despotismo do costume é, em todas as partes, o entrave permanente ao avanço humano, mantendo-se em constante antagonismo com aquela disposição de aspirar a algo melhor do que o costumeiro, a qual é chamada, dependendo das circunstâncias, de espírito de liberdade ou espírito de progresso ou aperfeiçoamento. O espírito de aperfeiçoamento nem sempre é um espírito de liberdade, pois pode pretender impor aperfeiçoamentos a um povo que não os quer; e o espírito de liberdade, na medida em que resiste a tais tentativas, pode se aliar em termos locais e temporários aos oponentes do aperfeiçoamento; mas a única fonte infalível e permanente de aperfeiçoamento é a liberdade, visto que assim todos os indivíduos são centros independentes de possível aperfeiçoamento. O princípio do progresso, porém, seja na forma do amor à liberdade ou na do amor ao aperfeiçoamento, é antagônico ao domínio do Costume, exigindo no mínimo a libertação desse jugo; e a disputa entre eles constitui o principal interesse da história da humanidade. A bem dizer, a maior parte do mundo não tem história, porque o despotismo do Costume é total. Tal é o caso em todo o Oriente. Lá, o costume é, em todas as coisas, a instância final; justiça e direito significam conformidade ao costume; ninguém, salvo algum tirano inebriado de poder, pensa em resistir ao argumento do costume. E vemos o resultado. Aquelas nações algum dia devem ter tido originalidade; não brotaram do solo já populosas, letradas e versadas em muitas artes da vida; elas mesmas fizeram tudo isso, e naquele tempo foram as maiores e mais poderosas nações do mundo. O que são agora? Súditas ou dependentes de tribos cujos antepassados vagueavam pelas florestas, enquanto os delas tinham palácios magníficos e templos suntuosos; mas tais tribos eram apenas em parte governadas pelo costume, o qual dividia seu poder com a liberdade e o progresso. Ao que parece, um povo pode progredir durante algum tempo e depois parar. Quando ele para? Quando deixa de ter individualidade. Se ocorresse uma mudança semelhante nas nações da Europa, não seria exatamente da mesma forma: e isso porque o despotismo do costume que ameaça essas nações não é a condição estacionária. Ele bane a singularidade, mas não impede a mudança, desde que todos mudem juntos. Descartamos os trajes estabelecidos de nossos antepassados; todos ainda precisam se vestir como os demais, mas a moda pode mudar uma ou duas vezes por ano. Assim, quando há uma mudança, cuidamos que seja pela própria mudança e não por alguma ideia de beleza ou praticidade, pois essa ideia de beleza e praticidade não chegaria a todos ao mesmo tempo e tampouco, num outro momento, seria abandonada por todos ao mesmo tempo. Mas, além de mutáveis, também somos ciosos do progresso: criamos constantemente novas invenções em coisas mecânicas e continuamos com elas até serem novamente substituídas por invenções melhores; queremos aperfeiçoamentos na política, na educação e mesmo na conduta moral, embora nessa última nossa ideia de aperfeiçoamento consiste basicamente em persuadir ou forçar os outros a serem tão bons como nós somos. Não é ao progresso que objetamos; pelo contrário, gabamo-nos de ser o povo mais dado ao progresso que já existiu. É a individualidade que combatemos: pensamos que faríamos maravilhas se nos tornássemos todos iguais, esquecendo que a diferença entre um e outro é geralmente a primeira coisa que atrai a atenção de ambos para a imperfeição de um e a superioridade do outro, ou para a possibilidade de somar as mútuas vantagens e produzir algo melhor do que fariam sozinhos. O exemplo da China nos serve de advertência: uma nação de muito talento e, em alguns aspectos, até de sabedoria, devido à rara sorte de ter contado outrora com um conjunto especialmente bom de costumes, por obra, em certa medida, de homens a que mesmo os europeus mais esclarecidos devem conceder, dentro de certos limites, o título de sábios e filósofos. Os chineses também são notáveis na excelência de seu aparato para imprimir o mais fundo possível a melhor sabedoria na mente de todos os membros da comunidade e para assegurar aos que melhor assimilaram esse conhecimento que ocupem os cargos de honra e poder. Sem dúvida, as pessoas que fizeram isso descobriram o segredo da capacidade humana de progredir e deveriam se ter mantido em sólida dianteira no mundo em marcha. Mas, em vez disso, ficaram estacionários e assim permaneceram por milênios; se algum dia vierem a fazer novos progressos, será por obra de estrangeiros. Eles tiveram um êxito além de qualquer expectativa naquilo que os filantropos ingleses estão se empenhando com tanto afã: igualar um povo inteiro, todos regendo seus pensamentos e suas ações pelas mesmas máximas e regras, e os frutos são esses. O regime moderno da opinião pública é de modo desorganizado aquilo que os sistemas políticos e educacionais chineses são de modo organizado; e, a menos que a individualidade consiga se afirmar contra esse jugo, a Europa, a despeito de seus nobres antecedentes e de seu professo cristianismo, tenderá a se tornar outra China.

O que, até agora, tem preservado a Europa desse destino? O que fez da família de nações europeias uma parcela não estacionária da humanidade, e sim em constante aperfeiçoamento? Não foi qualquer excelência superior desses povos, a qual, quando existe, existe como efeito e não como causa; foi sua notável diversidade de cultura e caráter. Indivíduos, classes e nações são extremamente díspares: chegaram a uma grande variedade de caminhos, cada qual conduzindo a algo valioso; e, embora sempre, em todos os períodos, tenha existido intolerância entre os que percorriam os diversos caminhos, e cada qual pensasse que seria ótimo se todos os demais fossem obrigados a percorrer a mesma rota, as tentativas de tolherem seu mútuo desenvolvimento raras vezes lograram algum sucesso permanente, e cada qual, em algum momento, aceitou receber o bem que os outros ofereciam. A Europa, a meu juízo, deve seu progresso e desenvolvimento multilateral exclusivamente a essa pluralidade de caminhos. Mas esse benefício já começa a diminuir em grau considerável. A Europa está avançando a passos decididos para o ideal chinês de igualar a todos. O sr. de Tocqueville, em sua última obra importante, observa que os franceses de hoje são muito mais parecidos entre si do que antes, até mesmo na geração passada. A mesma observação se aplicaria em grau muito maior aos ingleses. Numa passagem já citada de Wilhelm von Humboldt, ele aponta duas coisas como condições necessárias ao desenvolvimento humano, por serem necessárias para tornar as pessoas diferentes entre si: a liberdade e a variedade de situações. Essa segunda condição, em nosso país, diminui dia a dia. As circunstâncias que cercam as diversas classes e indivíduos e lhes moldam o caráter estão a cada dia se tornando mais e mais assemelhadas. Antes, os diferentes níveis sociais, os diferentes bairros, os diferentes ofícios e profissões viviam em mundos que se podiam dizer diferentes; hoje em dia, vivem em grande medida no mesmo mundo. Em comparação, agora leem as mesmas coisas, ouvem as mesmas coisas, veem as mesmas coisas, vão aos mesmos lugares, sentem esperanças e temores em relação aos mesmos objetos, têm as mesmas liberdades e os mesmos direitos e iguais meios de fazê-los valer. Por maiores que sejam as diferenças sociais remanescentes, não são nada em comparação às que deixaram de existir. E o igualamento ainda prossegue. Todas as mudanças políticas da época promovem esse igualamento, visto que todas tendem a elevar o baixo e a rebaixar o alto. Todas as ampliações do ensino promovem esse igualamento, porque a educação reúne as pessoas sob as mesmas influências e lhes dá acesso ao mesmo sortimento geral de fatos e sentimentos. Os aperfeiçoamentos nos meios de comunicação promovem esse igualamento, ao pôr em contato direto os moradores de locais distantes e ao manter um rápido fluxo de mudanças domiciliares de um lugar para outro. O aumento do comércio e das manufaturas promove esse igualamento, por difundir mais amplamente as vantagens do fácil acesso e por abrir todos os objetos de ambição, mesmo os mais elevados, à concorrência geral, com o que o desejo de ascender deixa de ser característico de uma classe em particular, tornando-se característico de todas as classes. Uma instância de ação ainda mais poderosa para gerar uma similaridade geral entre toda a humanidade é a instauração completa, neste e em outros países livres, da ascendência da opinião pública sobre o Estado. À medida que as várias altas posições sociais, que antes permitiam que seus ocupantes desconsiderassem a opinião da multidão, vêm se nivelando gradualmente; à medida que a própria ideia de resistir à vontade do público, quando se vem a saber claramente que essa vontade existe, passa a desaparecer cada vez mais da mente dos políticos pragmáticos, deixa de existir qualquer base social para a inconformidade, qualquer poder substantivo na sociedade que, opondo-se à superioridade numérica, se interesse em tomar sob sua proteção opiniões e tendências divergentes das do público.

A soma de todas essas causas forma um conjunto tão grande de influências hostis à Individualidade que é difícil ver de que maneira ela pode manter terreno. Poderá mantê-lo apenas com dificuldades cada vez maiores, a menos que a parcela inteligente do público possa sentir seu valor – possa ver que é bom que existam diferenças, mesmo que não sejam para melhor, mesmo que algumas, a seu ver, sejam para pior. Se é para reivindicar os direitos da Individualidade, o momento é agora, quando ainda falta muito para se completar o igualamento forçado. É apenas nos estágios iniciais que se pode sustentar com êxito uma posição contra a invasão da esfera individual. A demanda de que todos os outros se assemelhem a nós cresce com o alimento que lhe é dado. Se a resistência esperar até que a vida esteja *praticamente* reduzida a um único tipo uniforme, tudo o que se desviar desse tipo será considerado ímpio, imoral e até monstruoso e contrário à natureza. Se a humanidade se desacostumar por algum tempo a ver a diversidade, rapidamente se tornará incapaz de concebê-la.

Capítulo IV
Dos limites à autoridade da sociedade sobre o indivíduo

Qual é, então, o legítimo limite da soberania do indivíduo em relação a si mesmo? Onde começa a autoridade da sociedade? Qual a proporção da vida humana a ser atribuída à individualidade e qual à sociedade?

A parcela que ambas receberão será adequada se contiver aquilo que concerne mais especificamente a cada uma delas. À individualidade deve caber a parte da vida que tem como principal interessado o indivíduo; à sociedade, a parte na qual ela é a principal interessada.

Embora a sociedade não se funda num contrato, embora não se atenda a nenhum bom propósito inventando um contrato de onde se deduzam obrigações sociais, todo aquele que recebe a proteção da sociedade deve retribuição pelo benefício, e o fato de viver em sociedade torna indispensável que cada qual se obrigue a observar uma determinada linha de conduta em relação aos demais. Essa conduta consiste, em primeiro lugar, em não lesar os interesses do outro ou, melhor, certos interesses que, seja por expressa disposição legal ou por entendimento tácito, devem ser considerados como direitos; em segundo lugar, em arcar cada qual com sua parte (a ser estabelecida segundo algum princípio equitativo) nos esforços e sacrifícios feitos para defender a sociedade ou seus membros de lesões e molestamentos. A sociedade está justificada em impor a qualquer custo tais condições àqueles que tentam se esquivar a cumpri--las. E não é só isso o que a sociedade pode fazer. Os atos de um indivíduo podem ser prejudiciais a terceiros ou não mostrarem a devida consideração pelo bem-estar deles sem no entanto violar qualquer de seus direitos constituídos. Nesse caso, o ofensor pode ser justamente punido pela opinião, embora não pela lei. Quando qualquer parte da conduta de uma pessoa afeta prejudicialmente os interesses de outrem, a sociedade tem jurisdição sobre ela e abre-se o debate se a interferência será positiva ou não para o bem-estar geral. Mas não cabe tratar de tal questão se a conduta da pessoa não afeta os interesses de ninguém além de si mesma, ou não precisa afetá-los a menos que as pessoas assim o queiram (sendo todos os envolvidos pessoas maiores de idade e com capacidade de entendimento normal). Em todos esses casos, deve haver plena liberdade legal e social de praticar a ação e enfrentar as consequências.

Seria um grande equívoco supor que se trata de uma doutrina da indiferença egoísta, que pretende que os seres humanos nada tenham a ver com a conduta alheia e só devam se preocupar com o bem-estar ou o bem agir dos outros quando lhes afeta o interesse pessoal. O que é necessário, em vez de qualquer diminuição, é o grande aumento de um desinteressado empenho em promover o bem dos outros. Mas a benevolência desinteressada pode encontrar outros instrumentos para persuadir as pessoas para seu próprio bem que não açoites e flagelos, sejam literais ou metafóricos. Eu seria a última das pessoas a subestimar as virtudes do amor próprio; são secundárias, se tanto, apenas em relação às virtudes sociais. Cabe à educação cultivar ambas igualmente. Mas mesmo a educação opera por convicção e persuasão, e não só pela imposição obrigatória, e é somente por meio daquelas duas que, passado o período educacional, se deveriam inculcar as virtudes do amor próprio. Os seres humanos se devem mútuo auxílio para diferenciar entre o melhor e o pior e mútuo encorajamento para escolher o primeiro e evitar o segundo. Deveriam estar sempre se incentivando a exercer mais e mais suas faculdades mais elevadas e a dirigir mais e mais seus sentimentos e propósitos para objetos de contemplação e ação que sejam sábios e não tolos, que elevem e não que degradem. Mas ninguém, seja uma pessoa só ou qualquer número de pessoas, está autorizado a dizer a outra criatura humana na maturidade que ela não deve fazer com sua vida o que escolher fazer para seu próprio benefício. É ela a pessoa mais interessada em seu bem-estar: o interesse que qualquer outro, salvo em casos de profunda ligação pessoal, pode ter por seu bem-estar é insignificante, comparado ao que ela mesma tem; o interesse que a sociedade tem por ela em termos individuais (exceto no que se refere à sua conduta com os outros) é ínfimo e totalmente indireto, ao passo que, em relação aos próprios sentimentos e circunstâncias, o homem ou a mulher mais comum tem meios de conhecimento que superam num grau incalculável os meios que outros possam ter. A interferência da sociedade para controlar seu julgamento e seus propósitos naquilo que diz respeito apenas à pessoa vem alicerçada em suposições gerais, que podem estar totalmente erradas, e mesmo quando estão certas, têm igual chance de erro ou acerto ao serem aplicadas aos casos individuais por pessoas que têm das circunstâncias o mesmo conhecimento de um mero observador externo. Portanto, é nesse setor dos assuntos humanos que a Individualidade tem seu campo próprio de ação. Na conduta dos seres humanos entre si, é necessário, na maioria dos casos, que se observem regras gerais, para que as pessoas saibam o que devem esperar; mas, em seus assuntos pessoais, a cada um cabe o livre exercício de sua espontaneidade individual. Os outros podem lhe oferecer e até repisar considerações para lhe ajudar o julgamento e exortações para lhe fortalecer a vontade; mas o juiz final é a própria pessoa. Qualquer erro que possa cometer por não seguir os conselhos e advertências é, de longe, superado pelo mal de permitir que outros a obriguem ao que consideram ser para seu bem.

Não digo que os sentimentos com que os outros veem uma pessoa não devam ser afetados por suas qualidades ou deficiências em relação a si mesma. Isso não é possível nem desejável. Se a pessoa se destaca em qualquer qualidade que conduza a seu próprio bem, ela se torna objeto de adequada admiração. Está mais próxima da perfeição ideal da natureza humana. Se é muito deficiente em tais qualidades, segue-se o sentimento oposto à admiração. Há um grau de insensatez e um grau do que se pode chamar (ainda que se possa objetar à expressão) de baixeza ou depravação do gosto que, embora não justifiquem que se cause dano à pessoa que a manifesta, inevitavelmente tornam-na objeto adequado de desagrado ou, em casos extremos, até de desprezo: seria impossível ter as qualidades opostas com a devida força sem alimentar tais sentimentos. Mesmo não fazendo mal a ninguém, uma pessoa pode agir de uma maneira que nos leva a julgá-la e senti-la como insensata ou de categoria inferior; e, visto que tal juízo e tal sentimento são fatos que ela preferiria evitar, presta-lhe um bom serviço quem a adverte de antemão sobre isso, assim como sobre qualquer outra consequência desagradável a que ela se expõe. De fato, seria desejável que se prestasse esse bom serviço com um desembaraço muito maior do que permitem as atuais noções correntes de polidez e que uma pessoa pudesse dizer sinceramente a outra que ela, a seu juízo, está errada, sem que fosse considerada grosseira ou pretensiosa. Também temos o direito de nos conduzir de variadas maneiras em relação a uma pessoa, seguindo nossa opinião desfavorável sobre ela, não para oprimir sua individualidade, mas para exercer a nossa. Não somos obrigados, por exemplo, a procurar sua companhia; temos o direito de evitá-la (embora não de ostentar à vista de todos que a evitamos), pois temos o direito de escolher a companhia mais aceitável para nós. Temos o direito, e talvez até o dever, de acautelar terceiros contra essa pessoa se pensarmos que seu exemplo ou sua conversa pode exercer um efeito pernicioso sobre aqueles a quem se associa. Podemos preferir prestar algum favor optativo a outrem, exceto quando sirva para seu aperfeiçoamento. Assim, uma pessoa pode sofrer penalidades muito severas às mãos dos outros, de várias maneiras, por faltas que concernem diretamente apenas a ela; mas a pessoa sofre essas penalidades apenas na medida em que são as consequências naturais e, por assim dizer, espontâneas das próprias faltas em si, e não porque sejam deliberadamente infligidas a ela como forma de castigo. Uma pessoa que mostra temeridade, obstinação, arrogância, que não consegue viver com meios moderados, não consegue se abster de gozos prejudiciais, busca prazeres animais em detrimento dos prazeres do sentimento e do intelecto, deve saber que cairá na opinião dos outros e gozará em menor grau de seus sentimentos favoráveis; mas não tem o direito de reclamar disso, a menos que tenha ganhado as boas graças das pessoas por alguma especial excelência em suas relações sociais e assim tenha merecido os bons préstimos alheios, o que não é afetado por seus deméritos em relação a si mesmo.

O que digo é que as inconveniências que são estritamente inseparáveis do juízo alheio desfavorável são as únicas a que se poderia submeter uma pessoa por causa daquela parte de sua conduta e de seu caráter referente a seu próprio bem, e que não afeta os interesses dos outros em suas relações com ele. Atos lesivos a outrem exigem tratamento inteiramente diverso. Invadir os direitos do outro, infligir-lhe qualquer dano ou prejuízo não justificado por seus próprios direitos, lançar mão de falsidade ou duplicidade ao tratar com terceiros, aproveitar-se de modo injusto ou mesquinho de vantagens sobre eles, e mesmo se abster egoistamente de defendê-los contra lesões são objetos adequados de reprovação moral e, em casos graves, de punição e indenização moral. E não só tais ações, mas as disposições que levam a elas são propriamente imorais e objetos adequados de uma censura que pode chegar à abominação. Uma disposição cruel; a malícia e maldade; a mais antissocial e odiosa de todas as paixões, a inveja; a dissimulação e a insinceridade; a irascibilidade sem causas suficientes e um rancor desproporcional à provocação; o gosto de dominar os outros; o desejo de embolsar mais vantagens do que lhe cabe (a *pleonexia* dos gregos); o orgulho que sente prazer com a humilhação dos outros; o egocentrismo que pensa que o próprio eu e suas preocupações são mais importantes do que todo o resto e decide todas as questões duvidosas em seu favor: todos eles são vícios morais e compõem um caráter moral mau e odioso, ao contrário das faltas respeitantes ao próprio indivíduo, antes mencionadas, que não são propriamente imoralidades e que, mesmo levadas ao extremo, não constituem maldade. Podem ser provas de insensatez ou de falta de dignidade pessoal e respeito próprio; mas só são objeto de reprovação moral quando envolvem a quebra do dever em relação aos outros, dever pelo qual o próprio indivíduo deve zelar. Os chamados deveres para consigo mesmo não são socialmente obrigatórios, a menos que as circunstâncias os tornem também deveres para com os outros. A expressão "dever para consigo mesmo", quando significa algo além de mera prudência, significa respeito próprio ou desenvolvimento pessoal; e ninguém precisa responder a seus semelhantes sobre esses deveres para consigo mesmo, porque não contribui ao bem da humanidade que ele tenha de lhes responder sobre qualquer um deles.

A distinção entre perda de consideração, na qual uma pessoa pode legitimamente incorrer por falta de prudência ou de dignidade pessoal, e reprovação, que lhe cabe por uma ofensa contra os direitos de terceiros, não é uma distinção meramente nominal. Há uma enorme diferença em nossos sentimentos e também em nossa conduta em relação à pessoa, dependendo se ela nos desagrada em coisas em que pensamos ter o direito de controlá-la ou em coisas em relação às quais sabemos não ter tal direito. Se a pessoa nos desagrada, podemos expressar nosso desgosto e nos manter afastados dela, assim como nos afastamos de uma coisa que nos desagrada; mas nem por isso nos sentiremos justificados em lhe causar inconvenientes na vida. Refletiremos que ela já arca, ou arcará, com o pleno castigo por seu erro; se ela estraga sua vida por conduzi-la mal, nem por isso desejaremos estragá-la ainda mais: em vez de querer castigá-la, tentaremos minorar o castigo, mostrando-lhe como pode evitar ou sanar os males que sua conduta tende a atrair sobre ela. A pessoa pode ser para nós objeto de piedade, talvez de desapreço, mas não de raiva nem de rancor; não a trataremos como inimiga da sociedade: se não interferirmos com benevolência, mostrando interesse ou preocupação com ela, o máximo que nos julgaremos justificados a fazer é deixá-la entregue a si mesma. É um caso muito diferente se ela tiver infringido as regras necessárias para a proteção de seus semelhantes, tomados individual ou coletivamente. Nesse caso, as consequências nocivas de seus atos recaem não sobre ela e sim sobre outros; e a sociedade, como protetora de todos os seus membros, deve exercer uma retaliação contra ela, deve lhe infligir castigo com finalidade expressamente punitiva e deve garantir que a punição seja de suficiente rigor. Aqui, ela é ré em nosso tribunal e somos chamados não só a julgá-la, mas, de uma forma ou outra, a executar nossa sentença; no caso anterior, não cabe a nós lhe infligir qualquer sofrimento, a não ser o que eventualmente decorrer de usarmos na condução dos nossos assuntos pessoais a mesma liberdade que concedemos a ela na condução dos seus.

Muitos se negarão a aceitar a distinção, aqui apontada, entre a parte da vida de uma pessoa que diz respeito apenas a ela e a parte que diz respeito aos demais. Como (pode-se perguntar) alguma parte da conduta de um membro da sociedade pode ser uma questão indiferente a seus outros membros? Ninguém é um ser totalmente isolado; é impossível que uma pessoa faça algo que cause dano sério ou permanente a si mesma sem que o malefício atinja pelo menos suas relações próximas e, com frequência, vá muito além. Se ela lesa seus bens, causa dano aos que, direta ou indiretamente, extraíam sustento deles e geralmente diminui, em maior ou menor grau, os recursos gerais da comunidade. Se a pessoa deteriora suas faculdades físicas ou mentais, não só prejudica todos os que dependiam dela para qualquer parcela de sua felicidade como também se desqualifica para prestar os serviços que deve a seus semelhantes em geral; talvez se torne um fardo para a afeição ou a benevolência deles; e se tal conduta é muito frequente, dificilmente se encontrará outra ofensa que acarrete maior desfalque à soma geral do bem. Por fim, se com seus vícios ou tolices a pessoa não causa dano direto a outrem, mesmo assim (pode-se dizer) ela é lesiva pelo exemplo que dá e deveria ser obrigada a se controlar, por consideração àqueles que, vendo ou sabendo de sua conduta, poderiam vir a se corromper ou se desencaminhar.

E (pode-se acrescentar) mesmo que as consequências da má conduta se restringissem ao indivíduo mau ou temerário, deve a sociedade abandonar à sua própria orientação aquela pessoa que é manifestamente incapaz de segui-la? Se se reconhece explicitamente que as crianças e os menores de idade precisam de proteção contra si mesmos, não deverá a sociedade concedê-la da mesma forma a pessoas maduras que são igualmente incapazes de governar a si mesmas? Se o jogo, a embriaguez, a luxúria, a inatividade ou a obscenidade são tão lesivas à felicidade e constituem tão grande obstáculo ao aperfeiçoamento quanto a maioria ou muitos dos atos proibidos por lei, por que (pode-se perguntar) não deveria a lei, em coerência com a viabilidade e conveniência social, empenhar-se em reprimi-las também? E, para suprir às inevitáveis imperfeições da lei, a opinião não deveria ao menos organizar um forte policiamento contra tais vícios e, com penalidades sociais, castigar com rigor aqueles que sabidamente os praticam? Aqui não se trata (pode-se dizer) de coibir a individualidade ou de impedir experiências novas e originais na maneira de viver. As únicas coisas que se tentam impedir são coisas que já foram testadas e condenadas desde os inícios do mundo até o presente, coisas que a experiência mostrou que não são úteis nem adequadas à individualidade de ninguém. É preciso algum prazo e algum volume de experiência para que uma verdade moral ou prudencial se possa dar por estabelecida: o que se deseja é apenas impedir que uma geração após a outra caia no mesmo precipício que foi fatal para as anteriores.

Admito plenamente que o malefício que uma pessoa faz a si mesma pode afetar seriamente, por meio das afeições e dos interesses, os que têm ligações próximas com ela e, em grau menor, a sociedade em geral. Quando a pessoa, por tal tipo de conduta, é levada a violar uma obrigação clara e identificável para com outra ou outras pessoas, o caso sai da categoria referente apenas ao próprio indivíduo e se torna passível de reprovação moral no sentido próprio do termo. Se, por exemplo, por intemperança ou extravagância, um homem se torna incapaz de pagar suas dívidas ou, tendo assumido a responsabilidade moral por uma família, torna-se pelas mesmas causas incapaz de sustentá-la ou de educar os filhos, ele é objeto de merecida reprovação e pode receber justa punição; mas isso pela quebra do dever para com sua família, e não por sua extravagância. Se os recursos destinados à família fossem desviados para o mais prudente dos investimentos, sua culpabilidade moral seria a mesma. George Barnwell matou o tio para conseguir dinheiro para sua amante, mas, se o tivesse feito para abrir algum negócio, teria sido enforcado da mesma maneira. Da mesma forma, no frequente caso do homem que causa dor à família por se entregar a maus hábitos, ele merece censura por sua insensibilidade ou ingratidão; mas também o mereceria por cultivar hábitos que não são maus em si, mas são penosos para aqueles de seu convívio ou aqueles que, por laços pessoais, dependem dele para seu bem-estar. Quem falta à devida consideração pelos interesses e sentimentos alheios, sem que a isso o obrigue algum dever mais imperioso ou sem que alguma preferência pessoal admissível assim o justifique, é objeto de reprovação moral por essa falta, mas não pela causa que gerou a falta nem pelos erros, exclusivos dele, que podem ter remotamente levado até ela. Da mesma forma, quando uma pessoa, por uma conduta que diz respeito exclusivamente a si mesma, fica incapacitada de cumprir um dever para com o público que é de sua competência específica, ela se torna culpada de um crime social. Ninguém deve ser punido simplesmente por estar embriagado; mas cabe punição ao soldado ou ao policial que estiver embriagado no cumprimento do dever. Em suma, quando há claro prejuízo ou risco de claro prejuízo, seja ao indivíduo ou ao público, o caso sai do campo da liberdade e ingressa no campo da moralidade ou da lei.

Mas, quanto ao dano apenas contingente ou, como se pode chamar, o dano implícito que uma pessoa causa à sociedade, devido a uma conduta que não viola qualquer dever específico para com o público nem ocasiona prejuízo perceptível a qualquer indivíduo identificável, a não ser ela mesma, é uma inconveniência que a sociedade pode se permitir tolerar, por consideração ao bem maior da liberdade humana. Se cabe punição a pessoas em idade adulta que não cuidam adequadamente de si próprias, eu preferiria que fosse por consideração a elas mesmas, e não a pretexto de impedi-las de prejudicar sua capacidade pessoal de prestar à sociedade benefícios que a sociedade não arroga o direito de lhes exigir. Mas não posso admitir que se discuta esse aspecto como se a sociedade não dispusesse de qualquer meio de elevar seus membros mais fracos a seu padrão comum de conduta racional, a não ser o de esperar até que façam algo irracional para então puni-los por essa ação, por meios legais ou morais. A sociedade teve poder absoluto sobre eles durante toda a parte inicial de suas vidas: teve todo o período da infância e da minoridade para ver se conseguiria torná-los capazes de uma conduta racional na vida. A geração atual é senhora tanto da formação quanto de todas as circunstâncias da geração vindoura; com efeito, não é capaz de criar uma próxima geração que seja plenamente boa e sábia porque, lamentavelmente, ela mesma carece muito de bondade e sabedoria, e seus melhores esforços nem sempre mostram grande êxito nos casos individuais; mas é plenamente capaz de tornar a geração nascente, como um todo, tão boa e até um pouco melhor do que ela mesma. Se a sociedade deixa que um número considerável de seus membros cresçam como meras crianças, incapazes de se conduzir pela avaliação racional de motivos distantes, é a si mesma que deve culpar pelas consequências. Armada não só com todos os poderes da educação, mas também com a ascendência que a autoridade de uma opinião vigente sempre exerce sobre as mentes menos aptas a julgar por si mesmas, e auxiliada pelas penas *naturais* que inevitavelmente recaem sobre aqueles que incorrem no desagrado ou no desdém de quem os conhece, que não venha a sociedade pretender que, além de tudo isso, ainda precise do poder de decretar ordens e impor obediência aos assuntos pessoais dos indivíduos, esfera na qual, segundo todos os princípios de justiça e bom senso, a decisão deve caber aos que arcam com as consequências. E não há nada mais capaz de desacreditar e frustrar os melhores meios de influir na conduta do que recorrer aos piores meios. Se, entre os indivíduos que a sociedade tenta coagir à prudência ou à temperança, houver algum com aquele estofo de que são feitos os caráteres vigorosos e independentes, inevitavelmente ele se rebelará contra o jugo. Jamais alguém assim sentirá que os outros têm o direito de controlá-lo em seus assuntos, como têm o de impedi-lo que prejudique os assuntos deles; e facilmente vem a se considerar como sinal de vigor e coragem que se desacate essa autoridade usurpada e se faça ostensivamente o exato contrário do que é ordenado, tal como ocorreu na onda de vulgaridade que, na época de Carlos II, se seguiu à intolerância moral fanática dos puritanos. Quanto ao que se diz sobre a necessidade de proteger a sociedade contra o mau exemplo que os ruins ou os voluptuosos dão aos outros, é verdade que o mau exemplo pode ter um efeito danoso, em especial o exemplo de praticar impunemente ruindades contra os outros. Mas agora estamos falando da conduta que, embora não cause mal aos outros, supostamente causa grande dano ao próprio agente: e não vejo como quem crê nisso não há de concluir que o exemplo, como um todo, será mais salutar do que pernicioso, visto que, se esse exemplo mostra a má conduta, mostra também as consequências penosas ou degradantes que é de se supor que advirão, se a conduta sofrer a justa censura, em todos ou quase todos os casos correlatos.

Mas o argumento mais forte contra a interferência do público na conduta puramente pessoal é que, quando se tem essa interferência, o mais provável é que ela se dê de modo errado e no lugar errado. Em questões de moral social, de dever para com os outros, a opinião do público, isto é, de uma maioria dominante, embora muitas vezes esteja errada, é provável que na maioria das vezes esteja certa, pois em tais questões o que se requer dessa maioria é apenas que julguem seus próprios interesses e de que forma esses poderiam ser afetados por algum tipo de conduta cuja prática viesse a se permitir. Mas, em questões relativas à conduta concernente apenas ao próprio indivíduo, a opinião dessa maioria, impondo-se como lei à minoria, tem a mesma probabilidade de estar certa ou errada, pois nesses casos a opinião pública significa, na melhor das hipóteses, a opinião de algumas pessoas sobre o que é bom ou ruim para outras pessoas, embora muitas vezes nem sequer signifique isso, pois o público considera apenas suas próprias preferências pessoais e passa com a mais absoluta indiferença por cima do prazer ou da conveniência daqueles cuja conduta é objeto de sua censura. Há muitos que consideram qualquer conduta que lhes desagrade como uma ofensa pessoal e se sentem ultrajados em seus sentimentos, como aquele famoso caso do fanático religioso que, quando o acusaram de desrespeitar os sentimentos religiosos dos outros, retorquiu que os outros é que desrespeitavam seus sentimentos, por persistirem naquelas crenças e cultos abomináveis. Mas não há qualquer termo de comparação entre o sentimento de uma pessoa por sua própria opinião e o sentimento de outra que se ofende com a opinião da primeira, assim como não há qualquer termo de comparação entre o desejo de um ladrão de roubar uma bolsa e o desejo do legítimo dono em conservá-la. E o gosto de uma pessoa é assunto que concerne apenas a ela, tal como sua opinião ou sua bolsa. É fácil imaginar um público ideal, que não causa qualquer perturbação na liberdade e na escolha dos indivíduos em todos os assuntos incertos e requer apenas que eles se abstenham de condutas que já foram condenadas pela experiência universal. Mas onde já se viu alguma vez um público que pusesse tais limites a seus poderes de censura? Ou desde quando o público se incomoda com a experiência universal? Em suas interferências na conduta pessoal, raramente ele pensa em qualquer coisa que não seja a barbaridade de sentirem ou agirem de maneira diferente da dele; e nove entre dez de todos os moralistas e escritores especulativos apresentam à humanidade esse critério de julgamento, levemente disfarçado, como o ditame da religião e da filosofia. Eles ensinam que as coisas são certas porque são certas e porque sentimos que são. Dizem-nos para procurar em nossa própria mente e em nosso próprio coração as leis de conduta que se impõem a nós e a todos os outros. O que pode fazer o pobre público, a não ser acatar tais instruções e tornar seus próprios sentimentos pessoais do bem e do mal, se houver um mínimo de unanimidade entre eles, obrigatórios para todo o mundo?

O mal aqui apontado não existe apenas na teoria, e talvez se espere que eu especifique os casos em que o público de nossa época e de nosso país atribui indevidamente o caráter de leis morais a suas preferências pessoais. Não estou escrevendo um ensaio sobre as aberrações do sentimento moral existente. É um assunto grave demais para ser discutido apenas de passagem e por meio de ilustrações. Mas é necessário apresentar alguns exemplos, para mostrar que o princípio que sustento é de grande importância prática e que não estou tentando erguer uma barreira contra males imaginários. E não é difícil mostrar com abundância de exemplos que a ampliação das fronteiras daquilo que se pode chamar de policiamento moral, a ponto de invadir a liberdade mais inquestionavelmente legítima do indivíduo, é uma das propensões humanas mais universais.

Como primeiro caso, consideremos as antipatias que os homens alimentam por pessoas de opiniões religiosas diferentes das suas, invocando razões não melhores do que a de não observarem suas mesmas práticas religiosas, em especial suas abstinências religiosas. Para citar um exemplo bastante trivial, nada no credo ou na prática dos cristãos acirra mais o ódio dos maometanos contra eles do que o consumo de carne de porco. Poucas coisas despertam entre cristãos e europeus uma aversão mais sincera do que a que sentem os muçulmanos diante dessa maneira específica de saciar a fome. É, em primeiro lugar, uma ofensa contra sua religião; mas essa circunstância não explica de forma alguma a intensidade e o tipo de repugnância que sentem, pois sua religião também proíbe o vinho e todos os muçulmanos consideram errado, mas não repugnante, beber vinho. A aversão à carne do "animal impuro", pelo contrário, tem aquela natureza específica, como de uma antipatia instintiva, que a ideia de sujidade, ao permear totalmente os sentimentos, sempre parece despertar mesmo naqueles indivíduos de hábitos pessoais que não primam por um meticuloso asseio e que encontra um exemplo notável no sentimento de impureza religiosa, tão intenso entre os hindus. Suponhamos agora um povo de maioria muçulmana e que essa maioria insistisse em não permitir o consumo de carne de porco dentro do país. Não seria novidade em países maometanos.* Seria um exercício

---

* O caso dos parses de Bombaim é um exemplo interessante. Quando essa tribo industriosa e empreendedora, descendente dos persas adoradores do fogo, deixou a terra natal fugindo dos califas e chegou à Índia Ocidental, foi aceita pelos soberanos hindus em regime de tolerância, sob a condição de não comer carne de vaca. Mais tarde, quando essas regiões caíram sob o domínio dos conquistadores muçulmanos, os parses obtiveram a prorrogação da indulgência, sob a condição de não comer carne de porco. O que de início era obediência à autoridade se transformou numa segunda natureza, e até hoje os parses se abstêm de carne bovina e suína. Embora não fosse exigida pela religião deles, essa dupla abstinência teve tempo de se consolidar como costume da tribo – e, no Oriente, o costume é uma religião.

legítimo da autoridade moral da opinião pública? Em caso negativo, por que não? A prática é realmente revoltante para aquele povo. Também pensam sinceramente que a divindade proíbe e abomina tal prática. Tampouco se poderia censurar essa proibição como uma forma de perseguição religiosa. Pode ter origem religiosa, mas não seria uma perseguição por razões religiosas, visto que não existe qualquer religião que imponha o dever e obrigação de comer carne de porco. A única base sustentável para condenar tal proibição seria que não compete ao público interferir nos gostos e assuntos pessoais concernentes apenas aos indivíduos.

Para trazer a questão mais perto de nós: a maioria dos espanhóis considera uma grande impiedade, ofensiva ao mais alto grau, cultuar o Ser Supremo de qualquer outra maneira que não seja a católica apostólica romana, e não há qualquer outro culto público reconhecido por lei em solo espanhol. Os povos de toda a Europa Meridional consideram o casamento do clero não só irreligioso, mas também impudico, indecente, obsceno, repulsivo. O que pensam os protestantes sobre esses sentimentos plenamente sinceros e sobre a tentativa de impô-los contra os não católicos? Todavia, se a humanidade está justificada em interferir na liberdade de cada um em coisas que não dizem respeito aos interesses alheios, segundo qual princípio seria coerente excluir esses casos? Ou quem pode censurar um povo que queira suprimir o que lhe parece ser um escândalo aos olhos de Deus e do homem? A defesa mais sólida para proibir algo que é tido como imoralidade pessoal é a defesa em prol de eliminar essas práticas aos olhos dos que as têm como impiedades; e, a menos que queiramos adotar a lógica dos perseguidores e dizer que podemos perseguir os outros porque estamos certos, e que eles não podem nos perseguir porque estão errados, é melhor que nos acautelemos para não aceitar um princípio que, se fosse aplicado a nós mesmos, sentiríamos como uma grande injustiça.

Uma objeção possível, embora não razoável, a esses exemplos acima citados seria que eles foram extraídos de contingências impossíveis entre nós: pois seria muito improvável que a opinião em nosso país viesse a impor abstinência de carne ou a interferir no culto e na opção entre casamento e celibato, conforme o credo ou inclinação das pessoas. O próximo exemplo, porém, será extraído de uma interferência na liberdade cujos perigos ainda estão longe de desaparecer. Em todas as partes onde os puritanos detêm poder suficiente, como na Nova Inglaterra e na Grã-Bretanha na época do Commonwealth, eles se empenham com grande êxito em eliminar todos os entretenimentos públicos e quase todos os privados, em especial a música, a dança, o teatro, os jogos públicos ou outras reuniões com finalidades recreativas. Aqui neste país, ainda existem grandes agremiações cujos membros alimentam noções morais e religiosas contrárias a tais recreações; como essas pessoas pertencem sobretudo à classe média, que na atual condição social e política do reino é o poder de maior ascendência, não é de forma alguma impossível que essas pessoas com tais sentimentos possam vir a deter em algum momento a maioria no Parlamento. Como o restante da comunidade reagirá, tendo os entretenimentos que lhes forem permitidos controlados pelos sentimentos morais e religiosos dos calvinistas e metodistas mais estritos? Não desejarão muito peremptoriamente que esses membros da sociedade, com sua religiosidade invasiva, se atenham a cuidar de seus próprios assuntos? É exatamente isso que se deveria dizer a qualquer governo e a qualquer público que tenha a pretensão de que ninguém desfrute de qualquer prazer que pense ser errado. Mas, se se admitir o princípio dessa pretensão, ninguém poderá objetar razoavelmente a que se lance mão dele segundo os rumos da maioria ou de qualquer outro poder preponderante no país; e todos deverão estar prontos a se pôr em conformidade com a ideia de uma comunidade cristã, como era entendida pelos primeiros colonos na Nova Inglaterra, caso uma profissão de fé semelhante à deles algum dia consiga reconquistar o terreno perdido, como se sabe que tantas vezes ocorreu com religiões que se supunha estarem em declínio.

Imaginemos outra possibilidade, talvez mais provável de se concretizar do que essa última. No mundo moderno, existe reconhecidamente uma forte tendência a uma constituição democrática da sociedade, acompanhada ou não por instituições políticas populares. Dizem que, no país onde essa tendência se concretizou de maneira mais cabal, onde tanto a sociedade quanto o governo são mais democráticos – os Estados Unidos –, o sentimento da maioria, que considera desagradável qualquer manifestação de um estilo de vida mais vistoso ou mais luxuoso do que essa maioria possa pretender alcançar, opera como lei suntuária de razoável eficiência, e que em muitos lugares da União é realmente difícil que uma pessoa de grandes rendimentos consiga encontrar alguma forma de gastá-los sem incorrer em desaprovação popular. Ainda que tais afirmativas sem dúvida sejam uma representação bastante exagerada dos fatos existentes, o estado de coisas assim descrito é um resultado não só concebível e possível, mas também provável do sentimento democrático, associado à noção de que o público tem direito a vetar a forma como os indivíduos gastam seus rendimentos. Basta apenas supormos uma difusão considerável de opiniões socialistas, e o fato de se possuir mais do que uma pequeníssima quantidade de bens ou algum rendimento que não tenha sido obtido pelo trabalho manual pode se tornar uma infâmia aos olhos da maioria. Opiniões com princípios semelhantes já predominam amplamente entre a classe dos artesãos e exercem um peso opressor entre os que podem ser julgados principalmente pela opinião dessa mesma classe, ou seja, por seus próprios membros. Sabe-se que os maus trabalhadores que compõem a maioria dos operários em muitos setores da indústria são da mais firme opinião de que bons e maus trabalhadores devem receber os mesmos salários, e que nenhum trabalhador, seja no sistema por tarefa ou outro qualquer, deve ganhar mais, por maior habilidade ou diligência, do que outros sem essas qualidades. E eles utilizam um policiamento moral, que às vezes chega às vias de fato, para dissuadir os trabalhadores mais hábeis de receber, e os empregadores de pagar, uma remuneração maior por um serviço mais útil. Se o público tem alguma jurisdição sobre questões privadas, não vejo como tais pessoas podem estar erradas ou como qualquer público específico de um indivíduo pode sofrer censuras ao querer impor à sua conduta individual a mesma autoridade que o público geral quer impor ao povo em geral.

Mas, sem nos determos em casos hipotéticos, atualmente estão em prática grandes usurpações da liberdade da vida privada e outras ainda maiores ameaçam com certa expectativa de sucesso, bem como circulam opiniões defendendo um direito irrestrito do público não só de proibir por lei tudo o que pensa ser errado, mas também de proibir, como modo de chegar ao que pensa ser errado, uma série de coisas que admite serem inocentes.

A título de prevenir a intemperança, o povo de uma colônia inglesa e de quase metade dos Estados Unidos foi proibido por lei de fazer qualquer uso de bebidas alcoólicas, exceto para fins terapêuticos: pois a proibição de vendê-las é de fato, como pretendia ser, uma proibição de uso. E embora a inviabilidade prática de fazer valer a lei tenha levado à sua rejeição em vários dos Estados que a adotaram, inclusive naquele que lhe deu o nome, mesmo assim iniciou-se em nosso país uma agitação em favor de uma lei semelhante, que tem contado com o considerável fervor de muitos filantropos professos. A associação que se formou para tal fim – a "Aliança", como denomina a si mesma – adquiriu alguma notoriedade graças à publicidade dada a uma correspondência entre seu secretário e um dos pouquíssimos homens públicos ingleses que defendem que as opiniões de um político devem se basear em princípios. A parte de Lorde Stanley nessa correspondência é calculada para reforçar as esperanças que já depositam nele aqueles que sabem quão raras, infelizmente, são essas qualidades, tal como se manifestam em algumas de suas aparições públicas, entre os participantes da vida política. O porta-voz da Aliança, que "deplora profundamente o reconhecimento de qualquer princípio que possa ser distorcido para justificar o fanatismo e a perseguição", aponta a "larga e intransponível barreira" que separa esses princípios e os da associação. "Todos os assuntos concernentes ao pensamento, à opinião, à consciência me parecem", diz ele, "estar fora da esfera da legislação; todos os pertencentes a relações, hábitos e atos sociais, sujeitos somente a um poder discricionário investido no próprio Estado e não no indivíduo, dentro dela". Não há qualquer menção a uma terceira categoria, diferente dessas duas, a saber, atos e hábitos que não são sociais, e sim individuais, embora seja a esta categoria que, sem dúvida, pertence o ato de consumir álcool. No entanto, a venda de bebidas alcoólicas é uma operação comercial, e o comércio é um ato social. Mas a infração de que se reclama não é a da liberdade do vendedor, e sim a do comprador e consumidor, visto que o Estado, ao tornar deliberadamente impossível que ele obtenha a bebida, é como se o proibisse de beber vinho. Porém, diz o secretário: "Como cidadão, reivindico o direito de legislar sempre que meus direitos sociais sejam invadidos pelo ato social de outrem". E agora, quanto à definição desses "direitos sociais":

> Se há algo que invade meus direitos sociais, é certamente o tráfico de bebidas fortes. Ele destrói meu direito primário de segurança, criando e estimulando constantemente a desordem social. Invade meu direito de igualdade, extraindo lucro da criação de uma miséria que sou obrigado a sustentar por meio de impostos. Tolhe meu direito de livre desenvolvimento moral e intelectual, cercando meu caminho de perigos e enfraquecendo e desmoralizando a sociedade, da qual tenho o direito de reivindicar reciprocidade e auxílio mútuo.

É uma teoria dos "direitos sociais" como provavelmente jamais foi expressa antes em linguagem tão clara, e que consiste em nada menos que o seguinte: é direito social absoluto de todo indivíduo que todos os outros indivíduos ajam em todos os aspectos exatamente como ele agiria; que todo aquele que falhar no mais ínfimo detalhe viola meu direito social e me habilita a exigir da legislatura a remoção do motivo de queixa. Um princípio tão monstruoso é muito mais perigoso do que qualquer interferência isolada na liberdade; não há violação da liberdade que ele não justificaria; não reconhece qualquer direito a qualquer liberdade que seja, exceto talvez a de manter opiniões em segredo, sem jamais revelá-las: pois, no instante em que uma opinião que considero nociva sai dos lábios de alguém, ela invade todos os "direitos sociais" que me são atribuídos pela Aliança. A doutrina atribui a todos os seres humanos um interesse investido na perfeição moral, intelectual e até física do outro, a ser definida por cada demandante segundo seus próprios critérios.

Outro exemplo importante de interferência ilegítima na legítima liberdade do indivíduo, que não se resume a simples ameaça, mas que se instaurou triunfalmente desde longa data, é a legislação do descanso semanal. Sem dúvida, a abstenção das atividades diárias usuais num dia da semana, até onde permitam as exigências da vida, é um costume altamente benéfico, embora não constitua obrigação religiosa, exceto para os judeus. E na medida em que só se pode observar esse costume se houver um consentimento geral entre as classes industriosas para tal fim, visto que algumas pessoas, ao trabalhar, podem impor a mesma necessidade a outras, pode ser justo e admissível que a lei garanta a todos a observância do costume seguido por alguns, suspendendo as principais operações da indústria num determinado dia. Mas essa justificação, fundada no interesse direto que os outros têm na observância individual dessa prática, não se aplica às atividades que alguém pode escolher pessoalmente como maneira de ocupar seu tempo livre, e tampouco se aplica, nem sequer remotamente, a restrições legais sobre as formas de entretenimento. É verdade que a folga de alguns é dia de trabalho para outros; mas o prazer, para não dizer a recreação útil, de muitos bem vale o trabalho de poucos, desde que a atividade tenha sido escolhida livremente e se possa livremente renunciar a ela. Os trabalhadores estão inteiramente certos em pensar que, se todos trabalhassem aos domingos, teriam de fornecer o trabalho de sete dias recebendo um salário por seis dias: mas, na medida em que a grande maioria das atividades laborais fica suspensa, o pequeno número dos que ainda precisam trabalhar para a recreação dos demais recebe um aumento proporcional em seus proventos, e não são obrigados a se manter nessa atividade, caso prefiram a folga ao pagamento. Se se quiser outra solução, pode-se encontrá-la na instauração do costume de dar folga a essas classes específicas de pessoas em outro dia da semana. Assim, a única base para defender as restrições aos divertimentos dominicais é a de que são religiosamente errados, motivo de legislação contra o qual nunca será demasiado protestar com toda a veemência. "*Deorum injuriae Diis curae.*" Fica por provar que a sociedade ou qualquer um de seus representantes em cargo público recebeu dos céus a incumbência de vingar qualquer suposta ofensa à Onipotência que não seja também um agravo a nossos semelhantes. A noção de que o dever de um homem é que o outro seja religioso foi a base de todas as perseguições religiosas perpetradas no mundo e, se aceita, justificaria plenamente todas elas. Embora o sentimento que irrompa nas reiteradas tentativas de impedir a operação dos trens aos domingos, na resistência ao funcionamento dos museus e coisas semelhantes, não tenha a mesma crueldade das perseguições de outrora, o estado de espírito é essencialmente o mesmo. É uma determinação de não tolerar que os outros façam o que lhes permite sua religião, pois a religião do perseguidor não o permite. É a crença de que Deus não só abomina a ação do descrente, mas não nos eximirá de culpa se o deixarmos em paz, sem molestá-lo.

A esses exemplos da baixa conta em que se tem a liberdade humana, não posso deixar de acrescentar a linguagem francamente persecutória que aflora na imprensa deste país sempre que ela se sente chamada a comentar o notável fenômeno do mormonismo. Muito se poderia dizer sobre o instrutivo e inesperado fato de que uma alegada nova revelação e uma religião fundada sobre ela, produto de visível impostura, nem sequer apoiada pelo prestígio de alguma extraordinária qualidade de seu fundador, têm centenas de milhares de fiéis e formaram as bases para fundar uma sociedade em plena era dos jornais, das ferrovias e dos telégrafos elétricos. O que aqui nos concerne é que essa religião, ao contrário de outras e melhores, tem seus mártires; seu profeta e fundador, por causa de sua doutrina, foi assassinado por uma turba; outros seguidores perderam a vida pela mesma violência sem lei; foram expulsos à força, coletivamente, da terra onde nasceram e cresceram; e agora que foram removidos para um recesso solitário no meio de um deserto, muitos aqui neste país declaram abertamente que seria correto (apenas não conveniente) enviar uma expedição contra eles e obrigá-los pela força a se conformarem às opiniões de outras pessoas. O artigo da doutrina mórmon que é o principal responsável em despertar a antipatia que irrompe entre os habituais freios da tolerância religiosa é a aprovação da poligamia, a qual, embora seja permitida a maometanos, hinduístas e chineses, parece despertar uma inesgotável animosidade quando praticada por pessoas que falam inglês e professam uma espécie de cristianismo. Ninguém desaprova essa instituição mórmon mais profundamente do que eu, tanto por outras razões quanto pelo fato de que, longe de encontrar apoio sob qualquer aspecto no princípio da liberdade, é uma infração direta desse princípio, apenas reforçando as correntes que agrilhoam metade da comunidade e dispensando a outra metade de qualquer obrigação de reciprocidade em relação à primeira. No entanto, cumpre lembrar que essa relação, no que tange às mulheres envolvidas e que podem ser consideradas suas vítimas, é tão voluntária quanto qualquer outra forma de instituição matrimonial; e, por surpreendente que possa parecer, tal fato tem sua explicação nas ideias e costumes comuns do mundo que, ensinando as mulheres a pensar que o casamento é a única coisa indispensável, permitem entender por que muitas mulheres preferem ser uma dentre várias esposas a não serem esposas de ninguém. A outros países não se solicita que reconheçam tais uniões, nem que liberem uma parcela de seus habitantes da obediência à lei por causa de suas opiniões mórmons. Mas, quando os dissidentes cederam aos sentimentos hostis dos outros muito mais do que se poderia lhes exigir com justiça; quando deixaram os locais onde suas doutrinas eram inaceitáveis e foram se instalar por conta própria num canto remoto da terra, que foram os primeiros a tornar habitável para os seres humanos, é difícil entender sob quais princípios, a não ser os da tirania, pode-se impedi-los de viver lá sob as leis que lhes aprazam, desde que não cometam qualquer agressão a outras nações e concedam a quem estiver insatisfeito com seus usos e costumes a plena liberdade de ir embora. Um escritor, que em alguns aspectos é de grande mérito, propõe (para usar suas próprias palavras) não uma cruzada, mas uma *civilizada* contra essa comunidade poligâmica, para pôr fim ao que lhe parece ser um retrocesso na civilização. Também me parece o mesmo, mas não estou ciente de que uma comunidade, qualquer que seja, tenha o direito de obrigar qualquer outra a ser civilizada. Enquanto os que sofrem sob as más leis não invocarem a assistência de outras comunidades, não posso aceitar que pessoas totalmente desvinculadas delas devam intervir e exigir que um estado de coisas, com o qual todos os interessados diretos parecem estar satisfeitos, tenha fim porque constitui um escândalo para outras pessoas que vivem a milhares de quilômetros de distância e não têm qualquer participação ou interesse nele. Elas, se quiserem, que enviem missionários para pregar contra tal estado de coisas e se oponham ao avanço de doutrinas similares entre seu próprio povo. Se a civilização venceu a barbárie quando a barbárie dominava o mundo, é um exagero manifestar receios de que a barbárie, depois de ter sido totalmente submetida, venha a reviver e derrotar a civilização. Uma civilização capaz de sucumbir dessa maneira a seu inimigo vencido precisaria antes degenerar a tal ponto que nem seus mestres e sacerdotes nomeados e ninguém mais tivesse condição ou disposição de se erguer em sua defesa. Nesse caso, quanto mais cedo uma civilização dessas receber aviso de dispensa, melhor. Só pode ir de mal a pior, até ser destruída e regenerada (como o Império do Ocidente) por bárbaros cheios de energia.

Capítulo V
Aplicações

Os princípios expostos nestas páginas precisam ser aceitos de modo mais geral como base para a discussão de detalhes, antes que se possa tentar com alguma perspectiva de vantagem sua aplicação metódica a todos os vários setores do governo e da conduta moral. As poucas observações que proponho apresentar em questões de detalhe se destinam mais a ilustrar os princípios do que a desdobrá-los até suas consequências. O que ofereço não são aplicações, mas sim tipos de aplicação, que podem servir para dar maior clareza ao significado e aos limites das duas máximas que, juntas, formam toda a doutrina deste ensaio, e para ajudar o julgamento a manter o equilíbrio entre ambas, nos casos em que pareça duvidoso qual delas se deve aplicar.

As máximas são, primeiro, que o indivíduo não precisa prestar contas à sociedade por suas ações, desde que elas não digam respeito aos interesses de ninguém, a não ser aos dele mesmo. As únicas maneiras pelas quais a sociedade pode justificavelmente manifestar desagrado ou desaprovação de sua conduta são o conselho, a instrução, a persuasão e o afastamento das outras pessoas, quando elas o julgarem necessário para seu próprio bem. Segundo, que o indivíduo deve prestar contas das ações que são prejudiciais aos interesses alheios e pode ser sujeitado a uma pena social ou legal se a sociedade for da opinião de que uma ou outra é requisito para sua proteção.

Em primeiro lugar, não se pode supor de maneira nenhuma que o prejuízo ou o risco de prejuízo aos interesses alheios, já que justificaria por si só a interferência da sociedade, justifique sempre tal interferência. Em muitos casos, um indivíduo, ao buscar um objetivo legítimo, causa necessariamente, e portanto legitimamente, dor ou perda a outrem ou intercepta um bem que esse outro tinha esperança razoável de obter. Tais conflitos de interesse entre indivíduos muitas vezes nascem de más instituições sociais, mas são inevitáveis enquanto elas persistirem, e alguns desses conflitos continuariam a ser inevitáveis sob qualquer instituição. Quem tem sucesso numa profissão muito concorrida ou num exame competitivo; quem tem preferência sobre outrem em qualquer disputa por um objeto que ambos desejam, colhe benefícios da perda alheia, do esforço que o outro desperdiçou e da decepção que sofreu. Mas é de aceitação comum que é melhor para o interesse geral da humanidade que as pessoas possam buscar seus objetivos sem se deterem por tal tipo de consequência. Em outras palavras, a sociedade não reconhece aos concorrentes decepcionados qualquer direito, seja legal ou moral, à imunidade frente a esse tipo de sofrimento, e se sente chamada a interferir somente quando, para o sucesso, empregaram-se meios contrários ao que permite o interesse geral – a saber, a fraude ou traição e a força.

Repetindo, o comércio é um ato social. Quem se põe a vender qualquer espécie de bem ao público faz algo que afeta o interesse de outras pessoas e da sociedade em geral; assim, sua conduta recai em princípio dentro da jurisdição da sociedade: por isso, outrora considerava-se dever do governo, em todos os casos considerados importantes, estabelecer os preços e controlar os processos de fabricação. Porém agora se reconhece, mas apenas depois de longa luta, que se atende melhor tanto ao preço baixo quanto à boa qualidade das mercadorias deixar produtores e vendedores em plena liberdade, sob a única condição de que os compradores tenham igual liberdade para se abastecer em outro lugar. Essa é a chamada doutrina do Livre Comércio, que se funda em bases diferentes, mas igualmente sólidas, das do princípio de liberdade individual apresentado neste ensaio. As restrições ao comércio ou à produção para fins comerciais são, de fato, coibições, e toda coibição, *qua* [enquanto] coibição, é um mal: mas as coibições aqui em pauta afetam apenas aquela parte da conduta que a sociedade é competente para coibir e são impróprias apenas porque não produzem de fato os resultados desejados. Assim como o princípio da liberdade individual não está envolvido na doutrina do Livre Comércio, tampouco se inclui na maioria das questões referentes aos limites dessa doutrina; por exemplo, qual é o grau de controle público admissível para prevenir fraudes por adulteração ou até que ponto se devem impor aos empregadores ajustes que protejam os trabalhadores empregados em atividades perigosas. Tais questões envolvem considerações relativas à liberdade apenas na medida em que sempre é melhor, *caeteris paribus* [mantidas inalteradas todas as outras coisas], deixar as pessoas por si mesmas do que controlá-las: mas em princípio é inegável que elas podem ser legitimamente controladas para tais fins. Por outro lado, há questões relativas à interferência no comércio que são essencialmente questões de liberdade, como a Lei Maine, já mencionada, a proibição de importação de ópio na China, a restrição da venda de venenos, em suma, casos em que o objetivo da interferência é impossibilitar ou dificultar a obtenção de determinada mercadoria. Pode-se objetar a tais interferências, não porque infringem a liberdade do produtor ou do vendedor, mas sim a do comprador.

Um desses exemplos, a venda de venenos, abre uma nova questão: os limites adequados do que podemos chamar de funções de policiamento, ou seja, até que ponto pode-se invadir legitimamente a liberdade para prevenir crimes ou acidentes. Uma das funções incontestes do governo é, além de investigar e punir o crime depois de cometido, é tomar precauções contra ele antes que seja perpetrado. A função preventiva do governo, porém, está muito mais sujeita a usos abusivos, em prejuízo da liberdade, do que a função punitiva, pois não existe praticamente qualquer parte da legítima liberdade de ação de um ser humano que não possa ser apresentada, e muito justamente, como modo de facilitar uma ou outra forma de delinquência. Ainda assim, se uma autoridade pública ou mesmo uma pessoa física vê alguém se preparando claramente para cometer um crime, ela não é obrigada a permanecer inerte até que se cometa o crime, mas pode interferir para impedi-lo. Se nunca se comprassem nem se usassem venenos a não ser para cometer um assassinato, seria correto proibir sua fabricação e venda. Mas pode-se precisar de venenos para finalidades não só inocentes, como também úteis, e não há como impor restrições num caso sem atuar no outro. Aqui também uma função adequada da autoridade pública é a proteção contra acidentes. Se um servidor público ou qualquer outro indivíduo vê uma pessoa tentando atravessar uma ponte que foi declarada insegura e não há tempo para avisá-la do perigo, ele pode agarrá-la e fazê-la voltar, sem qualquer infração efetiva de sua liberdade; pois a liberdade consiste em fazer o que se deseja, e essa pessoa não deseja cair no rio. Todavia, quando não há certeza, mas apenas o risco de malefício, ninguém além da própria pessoa pode julgar se o motivo que a leva a correr o risco é suficiente ou não: portanto, nesse caso (a menos que seja uma criança, que esteja sofrendo delírios ou que se encontre num estado de exaltação ou concentração incompatível com o pleno uso da faculdade de reflexão), penso que essa pessoa deve ser apenas avisada do perigo, e não forçosamente impedida de se expor a ele. O mesmo tipo de consideração sobre um tema como a venda de venenos pode nos habilitar a decidir quais entre os modos possíveis de controle são ou não são contrários ao princípio. Por exemplo, pode-se impor a precaução de colocar um rótulo no frasco de veneno com alguma palavra que alerte sobre o perigo, sem violar a liberdade: o comprador não pode querer ignorar que a coisa em sua posse tem qualidades venenosas. Porém, exigir uma receita médica para todos os casos tornaria às vezes impossível e sempre dispendioso obter o produto para fins legítimos. A meu ver, a única maneira de dificultar que se cometam crimes por esse meio, sem qualquer infração digna de nota da liberdade daqueles que desejam a substância venenosa para outros fins, consiste em prover aquilo que se chama, na adequada linguagem de Bentham, "prova pré-constituída". Esse dispositivo é familiar a todos no caso de contratos. É usual e correto que, ao se celebrar um contrato, a lei exija como condição para seu cumprimento obrigatório a observância de certas formalidades, como assinaturas, corroboração de testemunhas e coisas semelhantes, a fim de que, em caso de alguma querela posterior, possa haver provas demonstrando que o contrato foi efetivamente celebrado e que não havia naquelas circunstâncias nada que o invalidasse em termos legais, com isso colocando grandes obstáculos a contratos fictícios ou a contratos feitos em circunstâncias que, sendo conhecidas, anulariam sua validade. Podem-se impor precauções de natureza semelhante na venda de artigos passíveis de ser usados como instrumentos de um crime. Pode-se exigir, por exemplo, que o vendedor registre a hora exata da transação, o nome e o endereço do comprador, a quantidade e qualidade exata do que foi vendido; que ele pergunte a finalidade a que se destina e registre a resposta dada. Quando não há receita médica, pode-se exigir a presença de uma terceira pessoa para testemunhar o fato diante do comprador, caso surja mais tarde alguma razão para crer que o artigo foi utilizado para fins criminosos. Tais controles em geral não constituiriam impedimento material à obtenção do artigo, mas serviriam de impedimento bastante considerável a que seu uso impróprio se fizesse indetectável.

O direito inerente à sociedade de evitar crimes contra si mesma, mediante precauções prévias, aponta quais são as limitações óbvias à máxima de que não se pode intervir apropriadamente, por meios preventivos ou punitivos, nas más condutas que dizem respeito apenas à própria pessoa. Os casos comuns de embriaguez, por exemplo, não são objeto adequado para a interferência legislativa; mas eu consideraria plenamente legítimo que uma pessoa que já tenha sido condenada por algum ato de violência contra terceiros, sob a influência do álcool, fosse colocada sob uma restrição legal específica para seu caso pessoal; se, depois disso, viesse a se embriagar outra vez, ficaria sujeita a uma penalidade e, se cometesse outro delito em tal estado, a punição a que estaria sujeita por este outro delito seria de maior severidade.

Embriagar-se, no caso de uma pessoa cuja embriaguez a leva a causar dano aos outros, é um crime contra os outros. Da mesma forma, a inatividade não pode sem tirania tornar-se objeto de punição legal, exceto quando a pessoa é sustentada pelo público ou exceto quando constitui quebra de contrato; mas se um homem, por inatividade ou qualquer outra causa que possa evitar, deixa de cumprir seus deveres legais para com os outros, por exemplo, dar sustento aos filhos, não é tirania fazê-lo cumprir tais deveres obrigando-o ao trabalho forçado, se não houver outros meios disponíveis.

Além disso, há muitos atos que, sendo diretamente nocivos apenas aos próprios agentes, não devem sofrer interdição legal, mas que, praticados em público, constituem violação das boas maneiras e, assim entrando na categoria dos crimes contra terceiros, podem ser legitimamente proibidos. A tal espécie pertencem os crimes contra a decência, sobre os quais não precisamos nos deter, tanto mais que se ligam apenas indiretamente a nosso tema, e é igualmente forte a objeção à prática em público de muitas ações que, em si mesmas, não são nem se supõe serem condenáveis.

Há outra questão que exige resposta coerente com os princípios aqui expostos. Em casos de conduta pessoal tidos como repreensíveis, mas que o respeito pela liberdade impede a sociedade de preveni-los ou puni-los, visto que o mal diretamente resultante recai apenas sobre o agente, aquilo que o agente é livre para fazer, as outras pessoas serão igualmente livres para aconselhar ou incitar? Tal questão não é isenta de dificuldades. O caso de uma pessoa que incita outra a praticar determinado ato não é, em termos estritos, um caso de conduta concernente apenas ao próprio indivíduo. A ação de aconselhar ou incitar alguém é um ato social e, portanto, como as ações em geral que afetam terceiros, pode-se considerá-la passível de controle social. Uma breve reflexão, porém, retifica essa primeira impressão, mostrando que, mesmo que o caso não caiba estritamente dentro da definição de liberdade individual, ainda assim aplicam-se a ele as razões que fundamentam o princípio da liberdade individual. Se se deve permitir que as pessoas, no que concerne apenas a elas mesmas, ajam por conta e risco próprio como lhes parecer melhor, elas devem ter igual liberdade para se consultarem mutuamente sobre o que é adequado fazer, para trocarem opiniões, darem e receberem sugestões. O que se permite fazer, deve-se permitir aconselhar. A questão se torna duvidosa somente quando o incitador extrai benefícios pessoais de seu aconselhamento e quando tem como ocupação, para fins de subsistência ou ganho monetário, promover algo que a sociedade e o Estado consideram um mal. Então, de fato, introduz-se um novo elemento complicador, a saber, a existência de classes de pessoas com um interesse contrário ao que se considera como bem público e cujo modo de vida se baseia na oposição a esse. Deve-se interferir ou não? Deve-se tolerar o meretrício, por exemplo, bem como a jogatina; mas deve a pessoa ter liberdade de ser cafetão ou de manter uma casa de jogo? Esse é um daqueles casos que se situam no exato limite entre dois princípios, e não fica imediatamente claro a qual dos dois ele pertence propriamente. Há argumentos de ambos os lados. No lado da tolerância, pode-se dizer que o fato de se ocupar com qualquer atividade e com ela ganhar o pão ou obter lucros não pode converter em crime algo que, de outra maneira, seria admissível; que o ato deveria ser sistematicamente permitido ou sistematicamente proibido; que, se os princípios que temos defendido até agora são verdadeiros, não cabe à sociedade, *enquanto* sociedade, decidir o erro ou acerto de alguma coisa que se refere apenas ao indivíduo; que não se pode ir além da dissuasão e que uma pessoa deve ser tão livre para persuadir quanto outra o é para dissuadir. Contra isso, pode-se argumentar que, embora não seja da competência do público nem do Estado decidir autorizadamente, para fins de repressão ou punição, se tal ou tal conduta afetando apenas os interesses do indivíduo é boa ou má, eles estão plenamente justificados em supor que, se a considerarem má, a questão de ser ou não ser má é no mínimo discutível: que, assim supondo, não podem estar agindo erroneamente quando se empenham em eliminar a influência de incitações que não são desinteressadas e de instigadores que não podem ser imparciais, pois têm um interesse pessoal direto num dos lados, sendo esse lado o que o Estado acredita ser errado, e o promovem expressamente apenas para seus objetivos pessoais. Pode-se insistir que certamente não se perde nada, não há qualquer sacrifício do bem quando se tem um ordenamento segundo o qual a pessoa deve fazer suas escolhas, sábias ou tolas, seguindo suas próprias inspirações, livres ao máximo possível dos artifícios de terceiros que, com vistas a seus próprios interesses, incentivem a pessoa a seguir suas inclinações. Desse modo (pode-se dizer), ainda que os dispositivos referentes aos jogos ilegais sejam totalmente indefensáveis – ainda que todos devessem ser livres para jogar em seu lar, na casa dos parceiros de jogo ou em qualquer local de reunião subvencionado por seus próprios fundos, aberto apenas aos membros e seus convidados –, ainda assim, os estabelecimentos públicos de jogo não deveriam ser permitidos. É verdade que a proibição nunca tem pleno efeito e, por maior que seja o poder tirânico que se entregue à polícia, as casas de jogo sempre podem funcionar sob outros pretextos;

mas podem ser obrigadas a manter seu funcionamento com certo grau de sigilo e mistério, de forma que, afora seus frequentadores, ninguém saiba nada sobre elas; à sociedade não cabe almejar mais do que isso. Esses argumentos têm uma força considerável. Não me arriscarei a decidir se são suficientes para justificar a anomalia moral de punir o acessório enquanto o principal fica (e deve ficar) em liberdade, de multar ou prender o cafetão, mas não o cliente, o dono da casa de jogo, mas não o jogador. Menos ainda se deve interferir nas operações comuns de compra e venda, por razões análogas. Quase todos os artigos que são comprados e vendidos podem ser usados em excesso, e os vendedores têm interesse financeiro em incentivar tal excesso; mas isso não serve de base para qualquer argumento em favor, por exemplo, da Lei Maine, porque a classe dos comerciantes de bebidas fortes, embora o abuso do álcool seja de seu interesse, é um requisito indispensável para atender ao uso legítimo da bebida. No entanto, o interesse desses comerciantes em promover a intemperança é um mal real e justifica que o Estado imponha restrições e exija garantias que, se não houvesse tal justificativa, infringiriam a liberdade legítima.

Outra questão é se o Estado, embora o permita, deve mesmo assim desencorajar indiretamente condutas que considera contrárias aos melhores interesses do agente; se, por exemplo, deve tomar medidas para encarecer os meios de se embriagar ou aumentar a dificuldade de obtê-los restringindo o número de pontos de venda. Nessa, como em muitas outras questões práticas, é necessário fazer uma série de distinções. O lançamento de impostos sobre os estimulantes com a única finalidade de dificultar sua aquisição é uma medida que difere apenas em grau de sua proibição total, e só se justificaria se a proibição fosse justificável. Todo aumento de preço é uma proibição para aqueles cujos meios não são suficientes para acompanhar a alta; e, para aqueles que podem acompanhá-la, é uma penalidade que sofrem por satisfazer um gosto particular. Os prazeres que escolhem e a maneira como gastam seus rendimentos, depois de atender a suas obrigações legais e morais para com o Estado e os indivíduos, são assuntos que dizem respeito apenas a eles e devem se basear em seu julgamento próprio. À primeira vista, essas considerações podem parecer contrárias à escolha dos estimulantes como objeto especial de tributação com fins de arrecadação. Mas deve-se lembrar que a tributação com fins fiscais é absolutamente inevitável; que na maioria dos países é necessário que uma parte considerável dessa tributação seja indireta; que o Estado, portanto, não pode se abster de impor uma cobrança, que pode ser proibitiva para algumas pessoas, sobre o uso de alguns artigos de consumo. Por isso, ao criar impostos, é dever do Estado considerar quais são as mercadorias que os consumidores podem dispensar com mais facilidade; e, *a fortiori* [com muito mais razão], selecionar de preferência aquelas cujo uso, para além de uma quantidade muito moderada, parece-lhe decididamente pernicioso. Assim, não só se pode admitir, como também se deve aprovar a tributação de estimulantes, até o nível que gere o máximo de arrecadação (supondo que o Estado precise de toda a arrecadação resultante).

A questão de converter a venda dessas mercadorias num privilégio mais ou menos exclusivo deve ser respondida de outra maneira, segundo as finalidades que a restrição pretende ajudar a alcançar. Todos os locais de frequência pública exigem uma coibição policial, e especialmente esses lugares em particular, porque neles é mais provável que se originem crimes contra a sociedade. Assim, é conveniente limitar a autorização de vender tais mercadorias (pelo menos para consumo no local) a pessoas de conduta notória ou afiançadamente respeitável; regulamentar os horários de funcionamento de acordo com as necessidades de vigilância pública e retirar a licença de funcionamento se ocorrerem repetidas perturbações da ordem por conivência ou incapacidade do responsável pelo estabelecimento, ou se se tornar um ponto de encontro para maquinar e preparar crimes contra a lei. Não concebo outras restrições que, em princípio, sejam justificáveis. A limitação, por exemplo, do número de casas que sirvam cerveja ou destilados, com a finalidade expressa de dificultar o acesso a elas e reduzir as ocasiões de tentação, não só cria um inconveniente para todos por causa de alguns que abusariam da facilidade, mas também condiria apenas com um estado da sociedade em que as classes trabalhadoras fossem tratadas explicitamente como crianças ou selvagens, submetidas a uma educação coibitiva no intuito de prepará-las para a futura participação nos privilégios da liberdade. Não é por esse princípio que, expressamente, se governam as classes trabalhadoras em qualquer país livre, e ninguém que confere o devido valor à liberdade concordará com tal maneira de governá-las, senão depois de se terem esgotado todos os recursos para educá-las para a liberdade e governá-las como indivíduos livres e depois de se ter demonstrado definitivamente que elas só podem ser governadas como crianças. A mera formulação da alternativa mostra o absurdo de supor que se tenham tentado todos os recursos em qualquer caso que caiba ser aqui considerado. É somente porque as instituições deste país formam um agregado de incoerências que se admitem em nossa prática coisas que pertencem ao sistema do governo despótico ou dito paternal, ao passo que a liberdade geral de nossas instituições impede que se exerça o grau de controle necessário para que a coibição, enquanto educação moral, tenha qualquer eficácia real.

Assinalamos numa passagem anterior deste ensaio que a liberdade do indivíduo, em coisas que concernem apenas a ele, implica uma liberdade correspondente de qualquer número de indivíduos em regular por mútuo acordo coisas que lhes concernem conjuntamente, e a mais ninguém além deles mesmos. Essa questão não apresenta dificuldades, desde que a vontade de todas as pessoas envolvidas se mantenha inalterada; mas, visto que a vontade pode mudar, muitas vezes é necessário, mesmo em coisas que concernem apenas a elas, que estabeleçam compromissos mútuos; e, quando o fazem, é conveniente, como regra geral, que tais compromissos sejam mantidos. No entanto, nas leis provavelmente de todos os países, essa regra geral contempla algumas exceções. Não só as pessoas não ficam obrigadas por compromissos que violam os direitos de terceiros, mas às vezes considera-se razão suficiente para desobrigar a pessoa de um compromisso que ele seja lesivo a ela mesma. Neste e na maioria dos outros países civilizados, por exemplo, o compromisso de que a pessoa se venderá ou permitirá ser vendida como escrava é nulo e vazio, sem vigor perante a lei e a opinião. O fundamento para essa limitação de seu poder de dispor voluntariamente de seu quinhão de vida é evidente, e pode ser visto com muita clareza nesse caso extremo. A razão para não se interferir nos atos voluntários de uma pessoa, salvo em defesa de outras, é a consideração por sua liberdade. Sua escolha voluntária é prova de que o que ela escolhe lhe é desejável ou, pelo menos, suportável, e a melhor maneira de prover a seu bem, como um todo, é lhe permitir que adote seus próprios meios de buscar esse seu bem. Mas o indivíduo, ao se vender como escravo, abdica de sua liberdade; renuncia a qualquer uso futuro dela, posterior àquele ato isolado. Assim, em seu caso, ele anula a própria finalidade que justifica a permissão de dispor de si mesmo. Deixa de ser livre, mas a partir daí fica numa posição à qual não cabe mais a favorável presunção de que ele permanece voluntariamente nela. O princípio da liberdade não pode exigir que ele seja livre para não ser livre. Poder alienar sua liberdade não é liberdade. Essas razões, cuja força é tão flagrante neste caso específico, evidentemente são de aplicação muito mais ampla; no entanto, em toda parte sempre há um limite que lhes é imposto pelas necessidades da vida, as quais exigem continuamente, não que renunciemos à nossa liberdade, mas que consintamos numa ou noutra limitação a ela. Porém, o princípio que exige irrestrita liberdade de ação em tudo o que concerne apenas aos próprios agentes requer que aqueles que criaram laços de obrigação entre si, em coisas que não dizem respeito a nenhuma terceira parte, sejam capazes de se liberar mutuamente do compromisso; e, mesmo sem essa liberação voluntária, talvez não exista qualquer contrato ou compromisso, exceto os que envolvem valores ou somas em dinheiro, que alguém se arrisque a dizer que é absolutamente irretratável. O barão Wilhelm von Humboldt, no excelente ensaio que já citei algumas vezes, expressa sua convicção de que os compromissos que envolvem serviços ou relações pessoais nunca deveriam ser legalmente obrigatórios para além de certo prazo de tempo; e que o mais importante desses compromissos, o casamento, cuja peculiaridade é a de que seus objetivos se frustram a menos que os sentimentos das duas partes sejam concordes com ele, não deveria requerer nada além da vontade expressa de uma das partes em dissolvê-lo. Esse assunto é importante e complexo demais para ser abordado apenas de passagem, e só afloro o tema no que é necessário para fins ilustrativos. Se a concisão e o caráter geral da dissertação do barão Von Humboldt não o tivessem obrigado, nesse caso, a se contentar em enunciar sua conclusão sem debater as premissas, ele certamente teria reconhecido que a questão não pode ser decidida em bases tão simples como aquelas a que ele se restringe. Quando uma pessoa, seja por conduta ou por promessa explícita, encoraja outra a confiar que continuará agindo de certa maneira – encoraja-a a criar expectativas e cálculos e a alicerçar alguma parte de seu projeto de vida sobre tal suposição –, nasce uma nova série de obrigações morais de sua parte em relação àquela outra pessoa que talvez até possam ser invalidadas, mas não podem ser ignoradas. E aqui também, se à relação entre duas partes contratantes seguem-se consequências para outras pessoas; se a relação coloca uma terceira parte numa determinada posição qualquer ou, como no caso do casamento, chega inclusive a gerar o nascimento de uma terceira parte, para as duas partes contratantes surgem obrigações em relação a essas terceiras pessoas, cujo cumprimento ou, pelo menos, cujo modo de cumprimento será grandemente afetado pela continuação ou interrupção da relação entre as partes originais do contrato. Daí não se segue, e tampouco eu admitiria, que tais obrigações cheguem a exigir o cumprimento do contrato a todo custo, em detrimento da felicidade da parte relutante; mas tais obrigações constituem um elemento ineliminável da questão; e mesmo que, como sustenta Von Humboldt, não devam fazer qualquer diferença na liberdade *legal* das partes de se desobrigarem do compromisso (e também sustento que não devem fazer *muita* diferença), necessariamente fazem uma grande diferença na liberdade *moral*. Uma pessoa é obrigada a levar em conta todas essas circunstâncias, antes de resolver dar um passo que pode afetar interesses tão importantes de outros; e se ela não conceder o devido peso a tais interesses, é moralmente responsável pelo erro. Fiz essas observações óbvias para melhor ilustrar o princípio geral da liberdade, e não por serem absolutamente necessárias na questão particular que, pelo contrário, geralmente é tratada como se tudo se resumisse ao interesse dos filhos e o interesse dos adultos não tivesse qualquer peso.

Já observei que, devido à ausência de qualquer princípio geral reconhecido, muitas vezes concede-se a liberdade quando deveria ser negada e nega-se a liberdade quando deveria ser concedida; e um dos casos em que, no mundo europeu moderno, o sentimento de liberdade é o mais forte corresponde, a meu ver, a um caso em que ele é totalmente descabido. Uma pessoa deve ser livre para fazer o que quiser em seus próprios assuntos, mas não deveria ser livre para fazer o que quiser ao agir por outrem a pretexto de que os assuntos do outro são seus assuntos também. O Estado, mesmo respeitando a liberdade de cada um no que lhe concerne especificamente, deve manter um vigilante controle sobre o exercício pessoal de qualquer poder sobre os outros que tenha reconhecido ao indivíduo. Essa obrigação é quase totalmente deixada de lado no caso das relações familiares, as quais, em sua influência direta sobre a felicidade humana, são mais importantes do que todas as outras juntas. Aqui não precisamos nos estender sobre o poder quase despótico dos maridos sobre as esposas, porque a única coisa necessária para a remoção completa desse mal é que as esposas tenham os mesmos direitos e recebam a mesma proteção da lei tal como todas as outras pessoas, e porque, nessa questão, os defensores da injustiça estabelecida não invocam a liberdade, mas apresentam-se explicitamente como paladinos do poder. É no caso dos filhos que as noções mal aplicadas de liberdade constituem um real obstáculo para o Estado no cumprimento de seus deveres. É-se quase levado a pensar que os filhos de um homem seriam literalmente, e não metaforicamente, uma parte dele, tão zelosa é a opinião sobre a mais ínfima interferência da lei em seu controle absoluto e exclusivo sobre os filhos, quase mais zelosa do que em relação a qualquer interferência em sua própria liberdade pessoal de ação: assim é que a humanidade em geral valoriza muito menos a liberdade do que o poder. Considere-se, por exemplo, o caso da educação. Não é um axioma quase autoevidente que o Estado deveria exigir e impor o ensino até determinado nível a todo ser humano que nasce como cidadão desse Estado? Mas existe alguém que não tema reconhecer e defender essa verdade? De fato, dificilmente alguém negaria que um dos deveres mais sagrados dos pais (ou do pai, como agora o uso e a lei estabelecem), depois de trazer um ser humano ao mundo, é dar a ele uma educação que o capacite a desempenhar bem seu papel na vida em relação aos outros e a si mesmo. Mas, embora se declare unanimemente que esse é um dever paterno, quase ninguém neste país admitirá ouvir qualquer coisa que o obrigue a cumpri-lo. Em vez de se exigir que o pai faça todos os esforços ou sacrifícios para assegurar educação ao filho, fica à sua escolha aceitar ou não a educação que é oferecida gratuitamente! Ainda não se reconhece que trazer um filho ao mundo sem uma sólida perspectiva de poder lhe proporcionar não só alimento ao corpo, mas também instrução e treino à mente, é um crime moral, tanto contra a infeliz progênie quanto contra a sociedade; e, se o genitor não cumpre tal obrigação, o Estado deveria prover que ela fosse cumprida, tanto quanto possível às expensas do genitor.

Se se admitisse o dever de impor a educação universal, teriam fim as dificuldades sobre o que e como o Estado deve ensinar, que agora transformam o tema num mero campo de batalha entre seitas e partidos, desperdiçando em brigas sobre a educação o tempo e o trabalho que deviam ser empregados em educar. Se o governo se decidisse a *exigir* uma boa educação para todas as crianças, poderia se poupar o problema de *fornecê-la*. Deixaria aos pais o encargo de obter a educação onde e como quisessem, e se contentaria em ajudar a pagar as taxas escolares para as categorias de crianças mais pobres e em custear todas as despesas escolares daquelas que não têm mais ninguém que o faça. As objeções que corretamente se levantam contra a educação do Estado não se referem à imposição de um sistema educacional pelo Estado e sim à pretensão do Estado em tomar para si a direção do ensino, o que é uma coisa totalmente diferente. Sou o primeiro a discordar de que toda ou grande parte da educação do povo deva ficar nas mãos do Estado. Tudo o que se disse sobre a importância da individualidade de caráter e da diversidade de opiniões e modos de conduta envolve, com o mesmo inexprimível grau de importância, a diversidade da educação. Um ensino geral do Estado não passa de um expediente para moldar as pessoas exatamente da mesma maneira; e, como o molde usado é aquele que agrada ao poder predominante no governo, seja um monarca, um clero, uma aristocracia ou a maioria da geração existente, ele estabelece, em termos proporcionais à sua eficiência e êxito, um despotismo sobre a mente, que como tendência natural também leva a um despotismo sobre o corpo. Uma educação criada e controlada pelo Estado só deve existir, se existir, como uma entre várias experiências concorrentes, conduzida como exemplo e estímulo para que as demais mantenham pelo menos o mesmo padrão de excelência. A não ser, claro, quando a sociedade em geral se encontra num estado tão atrasado que não pode ou não quer providenciar por si mesma qualquer instituição adequada de ensino, e então o governo toma a tarefa a si: aí, de fato, como o menor entre os dois grandes males, o governo pode se encarregar das escolas e universidades, como faz no caso de empresas mistas quando não existe no país uma empresa da iniciativa privada em condições de assumir grandes obras da indústria. Mas em geral, se o país dispõe de um número suficiente de pessoas qualificadas para fornecer educação sob os auspícios do governo, essas mesmas pessoas teriam condições e disposição para fornecer como voluntárias uma educação da mesma qualidade, com a garantia de receber uma remuneração estabelecida por uma lei instituindo a obrigatoriedade do ensino, junto com o auxílio do Estado àqueles sem condições de arcar com as despesas.

O instrumento para aplicar a lei só poderia ser o exame público, estendido a todas as crianças, começando desde cedo. Seria possível definir uma idade na qual todas as crianças deveriam passar por um exame, para conferir se sabem ler. Se a criança se mostrasse incapaz de ler, o pai, a menos que tivesse algum motivo de desculpa suficiente, poderia ser submetido a uma módica multa, a ser paga, se necessário, com seu trabalho, e a criança seria posta na escola às expensas dele. Uma vez por ano, os exames seriam aplicados novamente, abrangendo um leque de assuntos que se ampliaria gradualmente, assim tornando praticamente obrigatória a aquisição universal e, ainda mais, a retenção de um determinado nível mínimo de conhecimento geral. Para além desse mínimo, haveria exames voluntários sobre todos os assuntos, e todos os que alcançassem determinado grau de proficiência poderiam solicitar um certificado. Para impedir que o Estado exerça por meio de tal sistema uma influência imprópria sobre a opinião, o conhecimento exigido para a aprovação num exame (para além das partes meramente instrumentais do conhecimento, como línguas e uso das línguas) deveria, mesmo nas categorias de exames mais avançadas, restringir-se exclusivamente aos fatos e à ciência positiva. Os exames de religião, política ou outros assuntos controversos, não girariam em torno da verdade ou falsidade das opiniões, e sim sobre a questão de fato de que tal ou tal opinião é defendida com tais e tais argumentos por tais autores ou escolas ou igrejas. Com esse sistema, a nova geração não ficaria pior do que hoje, no que tange a todas as verdades controversas; iriam se formar como fiéis ou dissidentes tal como existem hoje, o Estado cuidando apenas que fossem fiéis instruídos ou dissidentes instruídos. Nada impediria, se os pais assim decidissem, que os alunos aprendessem religião nas mesmas escolas onde estariam aprendendo outras coisas. Todas as tentativas do Estado em guiar para um ou outro lado as conclusões de seus cidadãos sobre assuntos controversos são más; mas seria muito adequado que ele se prontificasse a verificar e certificar que uma pessoa dispõe de conhecimentos sobre um determinado assunto, requisito necessário para que suas conclusões mereçam atenção. Para um estudante de filosofia, seria melhor poder enfrentar um exame tratando simultaneamente de Locke e de Kant, quer concorde com um ou com outro, ou mesmo discorde dos dois, e não há qualquer razão para não se submeter um ateísta a um exame sobre as provas do cristianismo, desde que não lhe seja exigido acreditar nelas. Mas os exames nos ramos superiores do conhecimento, em minha concepção, deveriam ser totalmente voluntários. Seria ceder um poder demasiado perigoso aos governos se lhes coubesse excluir alguém das profissões liberais e mesmo da docência por alegada falta de qualificação: penso, em concordância com Wilhelm von Humboldt, que os diplomas ou outros certificados públicos de proficiência em áreas científicas ou profissionais liberais devem ser concedidos a todos os que se apresentam e passam nos exames, mas que tais certificados não devem acarretar qualquer vantagem sobre os concorrentes, a não ser o peso que lhes possa ser conferido pela opinião pública, em vista do que atestam.

Não é somente na questão educacional que as noções deslocadas de liberdade impedem que se reconheçam as obrigações morais dos pais e que se imponham a eles as obrigações legais, sendo que existem as mais fortes razões sempre para o primeiro caso e muitas vezes também para o segundo. O fato em si de gerar a existência de um ser humano é uma das ações de maior responsabilidade em todo o leque da vida humana. Tomar essa responsabilidade – a de conceder uma vida que pode ser uma maldição ou uma bênção –, sem que o ser a quem ela é concedida tenha pelo menos as chances normais de uma existência desejável, é um crime contra esse ser. E num país superpovoado, ou em risco de assim se tornar, ter mais do que um reduzidíssimo número de filhos, gerando o efeito de diminuir a remuneração da mão de obra devido à concorrência que trarão, é um grave atentado contra todos os que vivem da remuneração de seu trabalho. As leis que, em muitos países do Continente, proíbem o casamento a menos que as partes possam comprovar que dispõem de recursos para sustentar uma família, não excedem os poderes legítimos do Estado; e, quer tenham eficácia ou não (questão que depende sobretudo das circunstâncias e sentimentos locais), não se pode objetar que sejam violações da liberdade. Tais leis são interferências do Estado para proibir um ato pernicioso – um ato lesivo a outros, que deve ser objeto de reprovação e de estigma social, mesmo quando não se considera exequível adicionar uma penalidade legal. Mas as ideias correntes de liberdade, que se curvam com tanta facilidade a reais infrações da liberdade do indivíduo em coisas que concernem apenas a ele, repeliriam qualquer tentativa de coibir suas inclinações quando tal desfrute traz como resultado uma vida ou várias vidas de desgraça e depravação para os filhos, com múltiplos males para os outros que estiverem num raio suficientemente próximo para ser afetados por suas ações, de qualquer maneira que seja. Quando comparamos o estranho respeito e o estranho desrespeito da humanidade pela liberdade, podemos até imaginar que um homem tem o inalienável direito de causar dano aos outros e nenhum direito de satisfazer a si mesmo sem causar sofrimento a alguém.

Deixei por último uma ampla categoria de questões referentes aos limites da interferência do governo que, embora estejam intimamente ligadas ao tema deste ensaio, a rigor não fazem parte dele. São casos em que as razões contra a interferência não remetem ao princípio da liberdade; não se trata de coibir as ações dos indivíduos, e sim de ajudá-los: trata-se de saber se o governo deve fazer ou determinar que se faça algo em benefício deles, em vez de deixar a cargo deles mesmos, individualmente ou em associação voluntária.

As objeções à interferência do governo, quando não há qualquer infração da liberdade, podem ser de três espécies.

A primeira é quando a coisa a ser feita provavelmente seria mais bem feita pelos indivíduos do que pelo governo. Falando em termos gerais, não há ninguém mais adequado para conduzir qualquer assunto ou para determinar como ou por quem será conduzido do que o indivíduo pessoalmente interessado nele. Esse princípio condena as interferências, outrora tão frequentes, do legislativo ou do executivo nos processos normais da indústria. Mas essa parte do tema já foi suficientemente tratada pelos economistas políticos e não guarda qualquer relação em particular com os princípios deste ensaio.

A segunda objeção está mais próxima de nosso tema. Em muitos casos, embora os indivíduos, na média, possam não fazer uma determinada coisa tão bem quanto os servidores públicos, ainda assim é desejável que sejam eles a fazê-la, e não o governo, como meio para sua própria educação mental: uma maneira de fortalecer suas faculdades ativas, de exercitar seu julgamento e de lhes permitir uma familiaridade com os assuntos com os quais, assim, devem lidar. Essa é uma das principais razões, embora não a única, que recomendam a existência de julgamentos com júris (em processos não políticos), de instituições locais e municipais de natureza livre e popular, de empresas industriais e filantrópicas comandadas por associações voluntárias. Não são questões de liberdade e estão ligadas ao tema apenas por vínculos distantes, mas são questões de desenvolvimento. Aqui não cabe determo-nos sobre essas coisas como partes integrantes da educação nacional; retirar os indivíduos do estreito círculo do egoísmo pessoal e familiar, acostumá-los a acolher interesses conjuntos e a gerir assuntos conjuntos, habituá-los a agir por motivos públicos ou semipúblicos e lhes guiar a conduta para fins que os unam, em vez de os isolarem entre si: tudo isso, na verdade, faz parte da formação específica de um cidadão e consiste no lado prático da educação política de um povo livre. Sem tais hábitos e poderes, não é possível fazer vigorar nem preservar uma constituição livre, como exemplifica a natureza tantas vezes demasiado transitória da liberdade política em países onde ela não se funda em bases suficientes de liberdades locais. A administração dos negócios exclusivamente locais pelas localidades e das grandes empresas industriais pela união daqueles que entram voluntariamente com os recursos financeiros torna-se ainda mais recomendável em vista de todas as vantagens, expostas neste ensaio, referentes à individualidade do desenvolvimento e à diversidade dos modos de ação. As operações do governo tendem a ser iguais em todas as partes. Com indivíduos e associações voluntárias, pelo contrário, diversifica-se a experimentação e acumula--se uma ampla experiência de infindável variedade. O que o Estado pode fazer proveitosamente é se converter num repositório central, de ativa circulação e difusão, de toda a experiência resultante de inúmeras tentativas. Em vez de admitir apenas seus próprios experimentos, o que cabe ao Estado é possibilitar que cada um, em seu experimento, se beneficie dos experimentos de outros.

A terceira e mais imperiosa razão para restringir a interferência do governo é o grande mal de aumentar desnecessariamente seu poder. Cada função que se acresce às funções já exercidas pelo governo faz com que sua influência sobre as esperanças e temores se difunda ainda mais e converta cada vez mais a parcela ativa e ambiciosa do público em parasita do governo ou de algum partido com intenções de ocupar o governo. Se as estradas de rodagem, as ferrovias, os bancos, as seguradoras, as grandes sociedades anônimas ou limitadas, as universidades e as entidades de assistência pública fossem setores do governo; se, além disso, as corporações municipais e os conselhos locais, com tudo o que agora lhes compete, se tornassem departamentos da administração central; se os empregados de todas essas diversas empresas fossem nomeados e pagos pelo governo e dependessem do governo para cada promoção na vida, nem toda a liberdade de imprensa e a plena constituição popular do legislativo conseguiriam tornar este ou qualquer outro país livre, a não ser no nome. E o mal seria tanto maior quanto mais científica e eficiente fosse a construção da máquina administrativa e quanto mais habilidosos fossem os métodos de obter a mão de obra braçal e intelectual mais qualificada para operá-la. Recentemente, na Inglaterra, apareceu a proposta de selecionar todos os integrantes do funcionalismo do Estado por meio de exames classificatórios, para preencher as vagas com as pessoas mais inteligentes e instruídas disponíveis, e muito se disse e se escreveu contra e a favor dessa proposta. Um dos argumentos mais utilizados pelos adversários da ideia é que o cargo de um funcionário permanente do Estado não oferece perspectivas de salário e prestígio suficientes para atrair os mais talentosos, que sempre serão capazes de encontrar uma carreira mais promissora nas profissões liberais ou a serviço das empresas e outras entidades públicas. Não seria de admirar se o mesmo argumento fosse usado pelos defensores da proposta, respondendo à sua principal dificuldade. Vindo dos adversários, já é estranho o suficiente. O que se apresenta como objeção é a válvula de segurança do sistema proposto. Se de fato todos os grandes talentos do país *pudessem* ser atraídos para o funcionalismo do Estado, uma proposta capaz de provocar tal resultado seria realmente preocupante. Se todas as atividades empresariais da sociedade que requerem uma composição organizada ou vistas largas e abrangentes ficassem nas mãos do governo, e se todos os setores do governo fossem preenchidos universalmente pelos mais capazes, toda a ampla cultura e atividade intelectual do país, exceto a puramente especulativa, ficariam concentradas numa numerosa burocracia, à qual o restante da comunidade recorreria para tudo: a multidão, para receber instrução e direção para tudo o que tivesse de fazer; os competentes e os aspirantes, para a promoção pessoal. As únicas metas ambicionadas seriam a admissão entre as fileiras da burocracia e, a seguir, a ascensão na carreira. Em tal regime, não só o público externo, por falta de experiência prática, não teria qualificação para criticar ou controlar o funcionamento da burocracia, como também, mesmo que a eventualidade de uma iniciativa despótica ou o funcionamento natural das instituições populares de vez em quando levasse ao poder um dirigente ou vários dirigentes de tendências reformistas, seria impossível efetuar qualquer reforma que fosse contrária aos interesses da burocracia. Tal é a melancólica situação do império russo, como mostram os relatos daqueles que tiveram oportunidade suficiente de observá-lo. O próprio czar é impotente diante do corpo burocrático; pode mandar um ou outro para a Sibéria, mas não pode governar sem eles ou contra a vontade deles. A burocracia detém sobre qualquer decreto do czar um poder de veto tácito, simplesmente abstendo-se de colocá-lo em vigor. Em países de civilização mais avançada e de espírito mais insurrecional, os cidadãos do público, acostumados a esperar que o Estado faça tudo por eles ou, pelo menos, acostumados a não fazer nada por si mesmos sem pedir licença ao Estado e, aliás, até lhe perguntando como fazer, naturalmente consideram o Estado responsável por todos os males que recaem sobre eles; quando os males ultrapassam sua dose de paciência, erguem-se contra o governo e fazem o que se chama uma revolução, ao que outro alguém, com ou sem autoridade legítima concedida pela nação, instala-se no governo, emite suas ordens à burocracia e tudo continua basicamente igual a antes, permanecendo a burocracia inalterada, não havendo mais ninguém capaz de ocupar seu lugar.

Muito diferente é o espetáculo que se apresenta entre um povo acostumado a cuidar de seus próprios assuntos. Na França, como uma larga parcela do povo esteve nas forças armadas e muitos ocuparam no mínimo o posto de oficiais não comissionados, em todas as insurreições populares há várias pessoas competentes para assumir a frente e improvisar algum plano de ação aceitável. O que são os franceses nos assuntos militares, os americanos são em todos os tipos de assuntos civis; se ficasse sem governo, qualquer grupo de americanos seria capaz de improvisar um e dar andamento a qualquer assunto público com uma dose suficiente de inteligência, ordem e decisão. É assim que todos os povos livres deveriam ser, e um povo capaz de proceder dessa maneira certamente é livre; jamais deixará se escravizar por qualquer homem ou grupo de homens por serem capazes de tomar e conduzir as rédeas da administração central. Nenhuma burocracia pode ter esperanças de obrigar um povo assim a fazer ou suportar algo que não queira. Mas, onde tudo se faz por meio da burocracia, não é possível fazer nada a que a burocracia seja realmente contrária. A constituição desses países consiste na organização da experiência e da capacidade prática da nação sob a forma de um corpo disciplinado com o propósito de governar os demais; quanto mais perfeita é essa organização, com mais sucesso ela atrai e educa para si as pessoas de maior capacidade de todos os níveis da comunidade, mais completa é a sujeição de todos, inclusive dos integrantes da burocracia. Pois os governantes são escravos de sua própria organização e disciplina, na mesma medida em que os governados são escravos dos governantes. Um mandarim chinês é instrumento e criatura do despotismo exatamente como o mais humilde lavrador. Um jesuíta é escravo de sua ordem ao mais baixo grau de aviltamento, embora a ordem exista para o poder e a importância coletiva de seus membros.

Tampouco se deve esquecer que a absorção de toda a principal capacidade do país no corpo do governo é, mais cedo ou mais tarde, fatal para a atividade mental e o desenvolvimento desse próprio corpo. Firmemente unido como se encontra – operando um sistema que, como todos os sistemas, necessariamente funciona em grande medida segundo regras fixas –, o corpo do funcionalismo está sob a tentação constante de se afundar numa rotina indolente ou, se de vez em quando sai do ramerrão, corre o risco de se lançar a alguma iniciativa tosca e impensada que passou pela imaginação de algum chefe ali de dentro: e a única forma de controlar essas tendências aparentemente contrárias, mas unidas em íntima aliança, o único estímulo capaz de manter o corpo da burocracia em boa forma e alto padrão de desempenho é submetê-lo a uma crítica vigilante exterior a ele, dotada de igual capacidade. Assim, é indispensável que, independentemente do governo, existam os meios de formar essa capacidade e de lhe fornecer a experiência e as oportunidades necessárias para um julgamento correto dos grandes assuntos práticos. Se quisermos ter em caráter permanente um corpo de funcionários competentes e eficientes – acima de tudo, um corpo capaz de criar e disposto a adotar aperfeiçoamentos; se quisermos que nossa burocracia não degenere em pedantocracia, esse corpo não deve açambarcar todas as ocupações que formam e cultivam as faculdades necessárias para o governo da humanidade.

     Determinar em que ponto começam os males tão temíveis à liberdade e ao avanço humano, ou melhor, em que ponto eles começam a prevalecer sobre os benefícios que se dão quando a sociedade, sob seus líderes reconhecidos, aplica coletivamente sua força para remover os obstáculos no caminho de seu bem-estar; e assegurar as máximas vantagens decorrentes de uma centralização do poder e da inteligência, sem direcionar para canais governamentais uma parcela excessiva da atividade geral – essas estão entre as questões mais difíceis e complicadas na arte do governo. Em grande medida, é uma questão de detalhe, em que se devem levar em conta várias considerações e não é possível estabelecer nenhuma regra absoluta. Mas acredito que o princípio prático em que reside a segurança, o ideal a se manter em vista, o critério para testar todos os arranjos destinados a superar a dificuldade pode ser expresso nas seguintes palavras: a máxima disseminação do poder compatível com a eficiência; mas a máxima centralização possível da informação e sua difusão a partir desse centro. Assim, na administração municipal, haveria, como nos Estados da Nova Inglaterra, uma distribuição muito meticulosa entre os diversos funcionários, escolhidos pelas localidades, de todos os assuntos que é melhor não deixar a cargo das pessoas diretamente interessadas; mas, ao lado disso, haveria uma superintendência central em cada departamento dos assuntos locais, formando uma agência do governo geral. Esse órgão de superintendência concentraria, como num foco, a variedade de informações e experiências resultantes do funcionamento daquela determinada agência de assuntos públicos presente em todas as localidades, bem como todos os resultados analogamente derivados da prática dos países estrangeiros e dos princípios gerais da ciência política. Esse órgão central teria o direito de saber tudo o que se faz, e seu dever específico seria tornar esse conhecimento localmente adquirido disponível para outros locais. Liberto dos preconceitos mesquinhos e das visões estreitas de uma localidade, graças à sua posição mais elevada e à abrangência de seu campo de observação, seu aconselhamento naturalmente carregaria grande autoridade; mas seu poder efetivo, como instituição permanente, deveria se limitar, a meu ver, a obrigar os funcionários locais a obedecer às leis estabelecidas para guiá-los. Nas coisas que não fossem estipuladas por regras gerais, esses funcionários ficariam entregues a seu próprio julgamento, responsáveis perante seu eleitorado. Responderiam à lei pela violação das regras, e as próprias regras deveriam ser instituídas pelo legislativo, limitando-se a autoridade administrativa central a observar a execução delas e, se não fossem devidamente executadas, apelando, segundo a natureza do caso, aos tribunais para fazerem valer a lei ou aos órgãos eleitorais para dispensarem os funcionários que não as tivessem executado de acordo com o espírito da lei. Em sua concepção geral, esta é a superintendência que se pretende que a Junta da Lei dos Pobres exerça sobre os administradores do imposto de assistência pública [*Poor Rate*] em todo o país. Todos os poderes que a Junta possa exercer para além desse limite seriam legítimos e necessários para o caso específico de sanar hábitos arraigados de má administração em assuntos que afetam profundamente não apenas as localidades, mas toda a comunidade, visto que nenhuma localidade tem o direito moral de se converter, por má administração num bolsão de miséria que necessariamente se alastrará para outras localidades e prejudicará a condição moral e física de toda a comunidade trabalhadora. Os poderes de coerção administrativa e de legislação subordinada que cabem à Junta da Lei dos Pobres (mas que, devido ao estado da opinião sobre o assunto, são exercidos de modo muito insuficiente), embora plenamente justificáveis num caso de interesse nacional de primeira importância, seriam totalmente descabidos na superintendência de interesses puramente locais. Mas um órgão central de informação e instrução para todas as localidades seria igualmente valioso em todos os departamentos da administração. Nunca será demais que o governo realize aqueles tipos de atividade que não tolhem, mas, pelo contrário, ajudam e estimulam o esforço e o desenvolvimento individuais. O malefício começa quando, em vez de promover a atividade e os poderes dos indivíduos e dos corpos, o governo os substitui por sua própria atividade; quando, em vez de informar, aconselhar e, ocasionalmente, denunciar, obriga-os a um trabalho forçado ou manda que se afastem e faz o trabalho no lugar deles. O valor de um Estado, no longo prazo, é o valor dos indivíduos que o compõem; e um Estado que subordina os interesses da ampliação e elevação mental *deles* a um pouco mais de habilidade administrativa – ou daquela aparência de habilidade que a prática dá – nos detalhes dos negócios, um Estado que apequena seus homens para que possam ser instrumentos mais dóceis em suas mãos, mesmo que para propósitos benéficos, descobrirá que com homens pequenos não se pode realizar nada realmente grande e que a perfeição da máquina, à qual tudo sacrificou, ao fim de nada lhe servirá, por falta daquele poder vital que, para que a máquina pudesse funcionar mais suavemente, preferiu banir.

Coleção L&PM POCKET

1281. **Da Terra à Lua** – Júlio Verne
1282. **Minhas galerias e meus pintores** – Kahnweiler
1283. **A arte do romance** – Virginia Woolf
1284. **Teatro completo v. 1: As aves da noite** *seguido de* **O visitante** – Hilda Hilst
1285. **Teatro completo v. 2: O verdugo** *seguido de* **A morte do patriarca** – Hilda Hilst
1286. **Teatro completo v. 3: O rato no muro** *seguido de* **Auto da barca de Camiri** – Hilda Hilst
1287. **Teatro completo v. 4: A empresa** *seguido de* **O novo sistema** – Hilda Hilst
1289. **Fora de mim** – Martha Medeiros
1290. **Divã** – Martha Medeiros
1291. **Sobre a genealogia da moral: um escrito polêmico** – Nietzsche
1292. **A consciência de Zeno** – Italo Svevo
1293. **Células-tronco** – Jonathan Slack
1294. **O fim do ciúme e outros contos** – Proust
1295. **A jangada** – Júlio Verne
1296. **A ilha do dr. Moreau** – H.G. Wells
1297. **Ninho de fidalgos** – Ivan Turguêniev
1298. **Jane Eyre** – Charlotte Brontë
1299. **Sobre gatos** – Bukowski
1300. **Sobre o amor** – Bukowski
1301. **Escrever para não enlouquecer** – Bukowski
1302. **222 receitas** – J. A. Pinheiro Machado
1303. **Reinações de Narizinho** – Monteiro Lobato
1304. **O Saci** – Monteiro Lobato
1305. **Memórias da Emília** – Monteiro Lobato
1306. **O Picapau Amarelo** – Monteiro Lobato
1307. **A reforma da Natureza** – Monteiro Lobato
1308. **Fábulas** *seguido de* **Histórias diversas** – Monteiro Lobato
1309. **Aventuras de Hans Staden** – Monteiro Lobato
1310. **Peter Pan** – Monteiro Lobato
1311. **Dom Quixote das crianças** – Monteiro Lobato
1312. **O Minotauro** – Monteiro Lobato
1313. **Um quarto só seu** – Virginia Woolf
1314. **Sonetos** – Shakespeare
1315(35). **Thoreau** – Marie Berthoumieu e Laura El Makki
1316. **Teoria da arte** – Cynthia Freeland
1317. **A arte da prudência** – Baltasar Gracián
1318. **O louco** *seguido de* **Areia e espuma** – Khalil Gibran
1319. **O profeta** *seguido de* **O jardim do profeta** – Khalil Gibran
1320. **Jesus, o Filho do Homem** – Khalil Gibran
1321. **A luta** – Norman Mailer
1322. **Sobre o sofrimento do mundo e outros ensaios** – Schopenhauer
1323. **Epidemiologia** – Rodolfo Sacacci
1324. **Japão moderno** – Christopher Goto-Jones
1325. **A arte da meditação** – Matthieu Ricard
1326. **O adversário secreto** – Agatha Christie
1327. **Pollyanna** – Eleanor H. Porter
1328. **Espelhos** – Eduardo Galeano
1329. **A Vênus das peles** – Sacher-Masoch
1330. **O 18 de brumário de Luís Bonaparte** – Karl Marx
1331. **Um jogo para os vivos** – Patricia Highsmith
1332. **A tristeza pode esperar** – J.J. Camargo
1333. **Vinte poemas de amor e uma canção desesperada** – Pablo Neruda
1334. **Judaísmo** – Norman Solomon
1335. **Esquizofrenia** – Christopher Frith & Eve Johnstone
1336. **Seis personagens em busca de um autor** – Luigi Pirandello
1337. **A Fazenda dos Animais** – George Orwell
1338. **1984** – George Orwell
1339. **Ubu Rei** – Alfred Jarry
1340. **Sobre bêbados e bebidas** – Bukowski
1341. **Tempestade para os vivos e para os mortos** – Bukowski
1342. **Complicado** – Natsume Ono
1343. **Sobre o livre-arbítrio** – Schopenhauer
1344. **Uma breve história da literatura** – John Sutherland
1345. **Você fica tão sozinho às vezes que até faz sentido** – Bukowski
1346. **Um apartamento em Paris** – Guillaume Musso
1347. **Receitas fáceis e saborosas** – José Antonio Pinheiro Machado
1348. **Por que engordamos** – Gary Taubes
1349. **A fabulosa história do hospital** – Jean-Noël Fabiani
1350. **Voo noturno** *seguido de* **Terra dos homens** – Antoine de Saint-Exupéry
1351. **Doutor Sax** – Jack Kerouac
1352. **O livro do Tao e da virtude** – Lao-Tsé
1353. **Pista negra** – Antonio Manzini
1354. **A chave de vidro** – Dashiell Hammett
1355. **Martin Eden** – Jack London
1356. **Já te disse adeus, e agora, como te esqueço?** – Walter Riso
1357. **A viagem do descobrimento** – Eduardo Bueno
1358. **Náufragos, traficantes e degredados** – Eduardo Bueno
1359. **Retrato do Brasil** – Paulo Prado
1360. **Maravilhosamente imperfeito, escandalosamente feliz** – Walter Riso
1361. **É...** – Millôr Fernandes
1362. **Duas tábuas e uma paixão** – Millôr Fernandes
1363. **Selma e Sinatra** – Martha Medeiros
1364. **Tudo que eu queria te dizer** – Martha Medeiros
1365. **Várias histórias** – Machado de Assis
1366. **A sabedoria do Padre Brown** – G. K. Chesterton
1367. **Capitães do Brasil** – Eduardo Bueno
1368. **O falcão maltês** – Dashiell Hammett
1369. **A arte de estar com a razão** – Arthur Schopenhauer
1370. **A visão dos vencidos** – Miguel León-Portilla

lepmeditores
www.lpm.com.br
o site que conta tudo

IMPRESSÃO:

PALLOTTI
GRÁFICA

Santa Maria - RS | Fone: (55) 3220.4500
www.graficapallotti.com.br